LES ANTIQUITÉS

DE

PONTOISE

Tiré à 300 Exemplaires.

№ 299

PARIS. — TYP. A. PARENT RUE M.-LE-PRINCE, 29 ET 31.

LES ANTIQUITÉS

ET

SINGULARITÉS DE LA VILLE

DE

PONTOISE

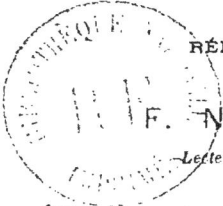

RÉIMPRESSION DE L'OUVRAGE

DE

F. NOËL TAILLEPIED

Lecteur en théologie des Cordeliers de cette ville.

Édition revue et annotée sur les Manuscrits des Archives de Pontoise
et collationnée sur l'imprimé de 1587.

PAR A. FRANÇOIS

précédée d'une

NOTICE BIOGRAPHIQUE ET BIBLIOGRAPHIQUE

SUR L'AUTEUR

PAR HENRI LE CHARPENTIER

Membre de la Société de l'histoire de Paris et de l'Ile de France.

Ornée de deux plans, et de deux vues d'après d'anciennes estampes.

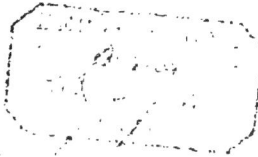

PONTOISE	PARIS
LIBRAIRIE ALEX. SEYÈS,	LIBRAIRIE H. CHAMPION,
26, r. de l'Hôtel-de-Ville.	15, quai Malaquais.

1876

Jean Marot del.   Est. pub. Reg.

PROFIL DE LA VILLE DE PONTOISE

Hélin Dupardin   Imp. Eudes Paris

1er PLAN : *Prairie de Saint-Ouen.* — 2° PLAN : *Rivière de l'Oise.* — 3e PLAN : *La ville.*

1. Pont sur l'Oise, un seul moulin, des maisons à droite et à gauche ; au bout du pont, vers la ville, une porte forti-fiée, surmontée d'une tour crénelée. — 2. Vers la Basse-Aumône, une porte avec pont-levis et deux tours. — 2 bis. A l'extrême droite, sur une côte escarpée, vue du pavillon du couvent des Mathurins. — 3. *Ancien* hospice Saint-Louis, avec chapelle et clocher(côte de Beaujour. — 4. Au bas des fossés, vers l'Oise, un contre-fort sur le chemin de contre-halage. — 5. Au bout du mur de la terrasse des Cordeliers, une tour très-élevée. — 6. Flèche, église des Cordeliers (*couvent de N. Taillepied*). — 7. Eglise et clocher de Saint-Pierre. — 8. Eglise et clocher de Saint-Mellon. — 9. Château-royal; esplanade avec tour fortifiée au milieu. — 10. Tour et lanterne du clocher de l'église Saint-André (voir la 2e pl.). —11. Le long de la rivière, bâtiments et église de l'Hôtel-Dieu (à droite vers le pont, un escalier descendait à la rivière). — 12. Au bout de ces bâtiments, le rayon blanc est l'ancienne *Ruelle aux Bœufs* et la *place aux Bœufs.* — 13. Bâtiments et église des Jésuites. — 14. Tour du Friche. — 15. Couvent et clocher des Carmélites. — 16. — Tour de Saint-Maclou. — 17. Clocher des Ursulines. — 18. Dans le lointain, une maison très-élevée (celle de la famille de Monthiers). — 19. Tour et éperon de la porte Chappelet. — 20. Lanterne au-dessus de la tour de Notre-Dame. — 21. Deux tourelles, dans *l'étang du Vert-Buisson* (voir le plan de 1589 ci-joint). — 22. Tour de la porte de Rouen. — 23. Couvent des Anglaises. — 24. Tour de la Porte-Saint-Martin. — 25. Maison et bâtiments, dits de la Machine (*le maison rouge*). — 26. Abbaye de Saint-Martin. — 27. Pelouse le long de la rivière. — 28. Ile Saint-Martin et petit pavillon.

NOTA. — Les numéros indiquent l'ordre dans lequel se présentent les édifices en allant *de droite à gauche.* La vue est prise du milieu de la plaine de Saint-Ouen, près du chemin communiquant de cette prairie à la route de Saint-Germain, vis-à-vis le mur du parc de Saint-Ouen.

(1) (*D'après une ancienne notice sur la gravure de Silvestre.*)

AVANT-PROPOS

> Quand une époque est finie, le moule
> est brisé, et il suffit à la Providence qu'il
> ne se puisse refaire ; mais des débris restés
> à terre, il en est quelquefois de fort beaux
> à contempler.
>
> A. CARREL.

*Il y a quelque temps, en fouillant dans les Archives
de l'Hôtel-de-Ville de Pontoise, je tombai par hasard
sur un manuscrit du XVIe siècle, attribué à N. Taillepied,* portant cette suscription : « Manuscrit des Antiquités de Pontoise, par le père Noël Taillepied ; la fin
manque. »

*Je lus ; le commencement manquait aussi. Je trouvai
ensuite deux autres copies du même ouvrage, l'une de
a fin du XVIIe siècle, et l'autre de 1708 écrite par*

Claude Dardel, huissier royal demeurant à Auvers : *bien qu'également incomplètes, elles étaient précieuses par leurs annotations, les unes marginales, et les autres inscrites dans le texte même.*

L'idée me vint alors de réimprimer ce vieux livre, que je savais avoir été édité par Loiselet, imprimeur à Rouen, en 1587.

J'en parlai, à ce moment, à M. Le Charpentier, qui consentit généreusement à partager les soucis de l'entreprise, et se chargea d'écrire une véritable étude sur la vie et les œuvres de Taillepied ; ayant collectionné depuis longtemps de nombreux documents sur Pontoise, il était plus à même que personne de remplir cette tâche délicate.

En outre, il m'apportait un secours inespéré : c'était l'un des rares exemplaires de l'édition de 1587 (la bibliothèque de Pontoise n'en possède même pas), dont il est devenu propriétaire après dix années de recherches.

Nous nous mîmes alors à l'œuvre, et c'est des collations successives des manuscrits et de l'imprimé, qu'est sorti le texte que nous offrons aujourd'hui au public.

L'original est rempli de signes étranges ; y pour i, z pour s, u pour v, i pour j, etc. ; nous les avons supprimés, ainsi que les lettres doubles et les abréviations ; d'autant plus que ces dernières sont dues à la fantaisie des copistes et des imprimeurs, car il n'existait alors rien de fixe à cet égard.

L'imprimé de Taillepied est tellement défectueux, qu'on y rencontre le même mot écrit avec deux et même trois orthographes différentes ; nous n'avons cependant rien changé quand le sens de la phrase le permettait ; et toutes les fois que le manuscrit et l'imprimé ne s'accordent pas sur l'orthographe d'un mot, nous avons choisi celle qui était la plus conforme à sa racine.

Voilà nos seules modifications ; que les lecteurs et les bibliophiles se rassurent, nous en avons été aussi sobres que possible ; notre plume s'est toujours arrêtée quand il s'est agi de mutiler le texte.

Nous ferons encore remarquer au lecteur que la tranquillité qui règne dans le style de Taillepied ne s'accorde gvère avec l'agitation de son époque. Quel temps pour écrire, en effet, que celui qui s'écoule entre la Saint-Barthélemy et l'assassinat d'Henri III. Cependant sa plume naïve ignore la haine ; le bruit des discordes civiles n'a pu, semble-t-il, franchir les murs de son couvent. Il n'a « mis la main à la plume, que pour se montrer ne « vouloir estre ingrat envers son pays. »

L'original ne renfermait aucune gravure ; nous en avons ajouté quelques-unes, grâce aux communications de M. le Maire de Pontoise, et surtout à l'obligeance de MM. Lebas et Cousin, qui ont bien voulu se charger de reproduire les plans qui figurent dans ce livre.

Nous avons cru que quelques uns, parmi les Pontoisiens, nous sauraient gré d'avoir ressuscité les anti-

quités *de leur ville;* c'est à ceux-là, à ceux-là *seulement,*
que nous nous adressons en leur disant comme Taillepied
à Nicolas Fournier, « de prendre le petit livre, d'un
« tel cœur qu'il leur est offert. »

A. FRANÇOIS

NOTICE

SUR LA VIE ET SUR LES OUVRAGES

DE

NOËL TAILLEPIED

RELIGIEUX CORDELIER.

I

UN homme qui a bien mérité de la patrie par le monument historique qu'il a élevé à sa gloire, et légué à la postérité sous le titre d'*Antiquités de Pontoise*, un homme dont nous avons souvent cité le témoignage avec confiance, parce que, placé à trois siècles de nous, il a pu recueillir, sur l'ancien Pontoise, des traditions encore toutes vivantes, et qu'il raconte un grand nombre de faits dont il a été témoin oculaire, un tel homme devait trouver place dans nos recherches, et son nom ne pouvait être passé sous silence ! »

Ainsi s'exprimait, en parlant de F. Noël Taillepied,

religieux cordelier de Pontoise, l'abbé Trou, dans
ses *Recherches historiques et archéologiques* sur cette
ville.

Malgré cet éloge décerné à celui qui, le premier,
songea à écrire une histoire de Pontoise ; malgré les
nombreuses citations empruntées par M. Trou au livre de Taillepied, on peut dire qu'à l'exception de
quelques bibliophiles, fort peu de personnes connais-
sent son ouvrage, sauf de nom peut-être ; et, chose
singulière, depuis bientôt trois cents ans, il n'a jamais
été réimprimé, alors que des livres vulgaires, qui ne
peuvent, sous aucun rapport, se comparer aux *Antiquités de Pontoise,* ont eu la bonne fortune de trouver
des éditeurs pour les faire reparaître, et des lecteurs
pour en épuiser les nouvelles éditions.

Il a y avait là une lacune que nous avons cru devoir
combler.

En offrant au public cette première réédition des
Antiquités de Pontoise, notre but est de chercher à ré-
pandre et à mieux faire connaître, au moins dans la
contrée que cela intéresse, l'œuvre de celui qui, le
premier, nous le répétons, a eu « souci de l'histoire »
du pays qui l'a vu naître, et selon sa propre expression, « l'a nourri, enseigné et logé par si long temps. »
— « C'est encore la plus grande désolation, dit-il, que
l'autheur pourroit avoir, comme pour faire un traicté
des antiquités de *nostre ville* de Pontcise, de *laquelle
on ne trouve rien par escrit aux historiens autentiques,
voire à grand peine le seul nom !* »

On le voit, Taillepied ne cache pas son dépit de voir
ainsi plongée dans l'oubli « sa bonne ville, » et c'est
un sentiment de reconnaissance envers elle qui le

guide, lorsque, pour la faire sortir de cet oubli, qui
l'humilie, il entreprend d'en décrire les merveilles
« par escrit. » C'est là un sentiment louable, et qui
suffit déjà à nous rendre sympathique l'écrivain qui
l'exprime. Grâce à lui, en effet, bien des détails qui
seraient restés ignorés et ensevelis dans la nuit des
temps, sont parvenus jusqu'à nous; grâce à l'espèce
d'*inventaire* qu'il a dressé des monuments de son époque, on a pu exercer un contrôle sur la date de certains événements, et le travail de ceux qui, tels que
M. l'abbé Trou, ont cherché les bases d'une histoire
de Pontoise, ce travail, disons-nous, s'il se fût trouvé
un Taillepied à chaque siècle, eût été singulièrement
facilité.

Aussi, nous avons pensé qu'il n'était pas suffisant
de citer, çà et là, quelques passages de son livre, et
qu'il méritait mieux. De là est née cette pensée, qui
nous est venue en même temps, de faire une réimpression complète des *Antiquités de Pontoise ;* et tandis que mon collaborateur vérifiait et comparait les
textes des manuscrits de la ville, augmentés de quelques notes, avec l'édition imprimée en 1587, dont je
possède un exemplaire, j'ai réuni sur Taillepied un
ensemble de notes biographiques et critiques; elles
font l'objet de cette notice que je soumets à la bienveil-
lante attention de ceux de mes concitoyens qui voudront
mieux connaître la vie et les travaux de notre plus
ancien historien local.

On verra par la liste bibliographique des auteurs à
consulter, placée à la fin de cette préface, que les renseignements qu'elle contient ont été puisés aux sources les plus autorisées.

II.

NOEL Taillepied naquit à Pontoise, vers 1540.
On n'a pas toujours été d'accord sur ce
point. Michaud le fait naître « dans le diocèse de Rouen, » et Hoefer « en Normandie; » c'est
vague. Mais la contradiction n'est, jusqu'à un certain point, qu'apparente, si l'on se rappelle qu'on a
pu, avec raison, considérer Pontoise comme dépen-
dant des archevêques de Rouen, et placé sous la juridiction du primat *de Normandie,* premier fonction-
naire ecclésiastique de cette province.

Mais M. l'abbé Cochet et M. Frère, dans son *Bibliographe normand,* déclarent qu'il est « *bien né à Pontoise, vers* 1540. »

Autre preuve : un Rouennais qui devait parfaite-
ment connaître Taillepied, et savoir exactement quel
était son pays natal, a levé toute espèce de doute à
cet égard, par un quatrain publié en tête des *Antiqui-
téz de Rouen,* et que l'on trouvera plus loin : « *Ce cordelier, de Pontoise la fleur,* etc. » Ce qui tend à confirmer
encore sa naissance à Pontoise, c'est la lecture de sa
préface des Antiquités de cette ville, préface qui nous
révèle un écrivain reconnaissant envers son pays, et
qui, en outre, paraît fort bien avoir connu le père de
M. N. Fournier, Pontoisien, auquel est dédié l'ouvrage.

F. P. Nepos, ne dit-il pas enfin, en parlant de Pontoise :

> *SON Taillepied jamais ne cessera*
> *De taillader sa louange à son aise ;*
> *Recognois donc l'autheur : Vive Pontoise !*

Évidemment, si Taillepied était né à Paris ou ailleurs, le Nepos en question, qui connaissait aussi notre écrivain et sa patrie, n'eût pas, en parlant de Pontoise, employé cette locution familière : *son* Taillepied, qui signifie *son* enfant, *son* fils chéri, etc. En outre, si l'existence d'une famille Taillepied, aux environs de Pontoise, existence notoire et prouvée au milieu du XVIᵉ siècle, est une présomption, une dernière preuve, nous dirions presque une certitude, résulte d'une note d'un livre de Denyaud, dont nous aurons plus loin l'occasion de parler, et sur laquelle nous appelons cependant, dès à présent, l'attention du lecteur.

Donc, jusqu'à démonstration du contraire, Pontoise sera bien le berceau de l'écrivain auquel nous avons consacré ce petit livre, et, par la suite, on verra que parmi ses enfants c'est un de ceux dont cette ville peut être fière à bon droit.

Le nom de *Taillepied*, sur lequel les bons bourgeois de Rouen de 1587, ont exercé leur verve dans des jeux de mots qui nous révèlent l'âge de pierre du calembourg, ce nom, malgré sa signification assez prosaïque, n'est pas un nom répandu et qu'on trouve fréquemment ; on le rencontre très-peu. M. de Coston n'en fait pas même mention dans son livre sur l'*Etymologie et signification des noms et des armoiries*. De nos jours, nous n'en trouvons pas un seul dans l'Annuaire Didot-

Bottin, qui est le répertoire à peu près général des
noms parisiens de l'époque contemporaine, et pourtant on y trouve des dynasties de *Taillade*, *Taillebois*,
Taillefer et *Taillefesse*.

Ce nom est un nom de fief : Radulphe, chambellan
de Néel, vicomte de Coutances, ayant accompagné
ce seigneur dans son exil, à l'île de Guernesey, après
la bataille du Val-des-Dunes, livrée en 1047, contre
Guillaume le Conquérant, reçut pour prix de son dé-
vouement et de ses fidèles services, le fief de *Taillepied*,
situé près de Valognes, où existe encore un château
seigneurial de ce nom.

Cette maison de Taillepied, une des plus anciennes
et des plus chevaleresques de la Normandie, a fourni
une longue suite de chevaliers illustres, et plus de
quarante écuyers et chevaliers bannerets de distinction. Les Taillepied enrichirent souvent de leurs dons
l'antique abbaye de Saint-Sauveur-le-Vicomte, dans
laquelle ils avaient droit de sépulture.

En 1248, Thomas Taillepied accompagna Saint Louis
à la croisade : il se trouve parmi les chevaliers qui
frétèrent un navire appelé *la Pénitence* ; son nom et
ses armes sont au musée de Versailles.

Jehan de Taillepied quitta la Normandie pour venir se fixer dans l'Ile-de-France ; il avait fait partie
des gens d'armes qui s'opposèrent, en 1475, à la descente des Anglais en Normandie ; il avait fait de
grandes dépenses pour le service militaire du roi, et,
malgré une somme qui lui fut comptée, à ce sujet, par
Noël le Barge, trésorier des guerres, il fut obligé d'a-
liéner une partie de ses biens, et se retira dans le pays
de sa femme, à Magny-en-Vexin, où se trouvait un

de ses frères, Gallien de Taillepied, qui y possédait des terres assez considérables ; ce qui explique pourquoi, dans les deux Vexins, on a relevé plusieurs terres du nom de Taillepied.

Ce Gallien de Taillepied rend hommage, en 1506, pour ses fiefs aux seigneureries d'*Evêquemont et Courdimanche*, près *Pontoise*.

La lignée de Jehan de Taillepied, dont le patrimoine n'était plus en rapport avec la noblesse de son extraction, dut accepter et remplir, pendant le xvɪᵉ siècle, plusieurs charges de magistrature et d'édilité.

La notice sur la maison de Taillepied à laquelle nous avons emprunté ces détails, est tirée de l'*Annuaire de la noblesse*, de 1850, 7ᵉ année (Bibl. nat., L. M., 1869 ; généalog.). Elle nous apprend que la famille se divisa en plusieurs branches, et qu'une partie des domaines du Vexin passa, en 1557, dans les mains de Guillaume de Mervillers, gentilhomme de la chambre du roi.

Cette curieuse pièce généalogique, à laquelle nous laissons la responsabilité de ses allégations, généralement puisées d'ailleurs à des sources authentiques, cite enfin parmi les personnages de distinction qui sont issus de cette famille :

« *Deux savants ecclésiastiques, Nicolle Taillepied,*
« *qui vivait en* 1547, *et* NOEL TAILLEPIED, *reli-*
« *gieux et auteur de divers ouvrages, qui vivait en*
« 1585. »

Signalons également Jacques (1593), qui épousa Françoise de Bonnault, issue des baillis de Chartres. et qui contribua, avec son beau-père, à conserver au

roi Henri IV la ville de Mantes, assiégée par le duc de
Mayenne.

Plus tard, en 1696, on trouve un représentant de
cette famille enregistré dans le grand armorial général de d'Hozier : *généralité de Paris*, t. IV, p. 377; S.
de Mantes, n° 26. « *Jacques Taillepied*, huissier de la
feue reyne, porte :

« *D'azur, à trois croissants d'or, 2 et 1, et un chef cousu*
« *de gueules, chargé de trois molettes d'or.*

Cette famille existe encore aujourd'hui, et est divi-
sée en plusieurs branches. Il y a les de Taillepied,
comtes de Bondy (un de ces derniers était membre de
l'Assemblée nationale de Versailles); une branche
puînée, et les vicomtes de Taillepied de la Garenne,
dont l'un d'eux figure, en 1786, dans la maison de
Monsieur, frère du roi ; elle occupe un rang distingué
et a contracté des alliances avec d'autres maisons
également illustres.

Voici un *fac simile* des armes de cette famille, re-

Devise : *Aspera non terrent.*

produit d'après les reliures de volumes qui lui ont

appartenu ; il est extrait de l'*Armorial du Bibliophile*, de M. Joannis Guigard.

La branche de la Garenne a pour supports deux lions. — Les lettres patentes qui accordèrent au représentant de la branche aînée le titre de comte de l'Empire introduisirent dans les émaux un changement qu'elle a conservé : *d'azur à trois croissants d'or, au chef d'or chargé de trois molettes de gueules.*

L'origine de Noël Taillepied, attribuée à cette famille par la pièce généalogique citée plus haut, est en contradiction avec l'abbé Trou, qui le fait naître aussi d'*une famille ancienne*, mais d'origine bourgeoise. Pour être aussi complet que possible dans nos recherches, il nous a paru utile, non-seulement de donner ces renseignements généalogiques, mais encore d'entrer dans quelques détails sur les Taillepied de Bondy, qui ont eu, au xvie siècle, des possessions considérables dans nos environs, à Evèquemont, Magny, Courdimanche, Ableiges, Menucourt, Boisemont, Flins, Andrésy, Gaillon et les Mureaux-Meulan, etc.; l'abbé Trou ignorait sans doute cette particularité généalogique rappelée par l'Annuaire de 1850.

Enfin, un Taillepied, notaire de l'abbaye de Saint-Denis, à Cergy, en 1534, est cité dans l'inventaire des titres de la fabrique de Notre-Dame de Pontoise, en 1612 ; nous ne pourrions affirmer s'il était de la même famille ou d'une autre famille portant le même nom, bien que le rapprochement des dates et de la résidence, et la similitude de nom nous fassent incliner vers la première hypothèse.

Signalons encore, à Chars, l'existence de la *rue Taillepied,* qui longe les ruines du Vieux-Château, ou

Château-Gaillard; sur un terrier de 1715, on la nomme *rue des Taille-Pied;* elle porte ce nom depuis une époque très-reculée.

On n'a pu préciser la date exacte de la naissance de Noël Taillepied ; on sait seulement qu'issu d'une famille ancienne et honorable, il fit d'abord ses études, et que, voué de bonne heure à la vie religieuse, il entra dans les ordres ; il avait conquis le grade de docteur en théologie de la Faculté de Paris, titre qui ne s'obtenait alors qu'après dix ans d'études.

Il prit l'habit de Saint François et entra au couvent des Cordeliers de Pontoise, où, au bout de quelque temps, il reçut la charge de lecteur en théologie, « lequel office, dit-il simplement, ay exercé l'espace de huit ans, sans autre récompense que celle que j'attends au Paradis. » Quel langage simple et modeste ! et comme il contraste avec le prétentieux fatras de certains auteurs contemporains qui ne laissent échapper la moindre occasion de se faire les chantres de la gratuité de leurs prétendus labeurs !

Il passa donc d'assez longues années dans ce couvent des Cordeliers, dont l'église, un des beaux édifices religieux de Pontoise, devait, plus tard, être le lieu désigné pour les assemblées générales et provinciales du clergé de France, servir au sacre de Bossuet et aux réunions solennelles du Parlement exilé.

Cette communauté était alors composée d'environ quarante religieux qui s'y maintinrent jusqu'en 1791. En 1793, les tombeaux, les monuments et les richesses archéologiques de toute nature que renfermait ce couvent n'échappèrent pas à la destruction et au sort commun alors à toutes les églises. Aujourd'hui, il ne reste plus de l'église des Cordeliers, dont la place voisine a longtemps porté le nom, que les ruines ou plutôt les débris de murs que l'on voit à côté de l'Hôtel de ville, sur l'emplacement duquel s'étendait cette maison monastique.

Les bâtiments *du couvent* des Cordeliers existent encore en partie ; ils ont, il est vrai, complétement changé d'aspect, mais cependant on peut, dans les constructions qui encadrent la cour de l'hôtel de ville retrouver la trace des voûtes qui formaient un préau couvert qu'on appelait spécialement *le cloître*.

Le bâtiment qui renferme la salle de réunion de la Société de secours mutuels n'avait presque pas changé d'aspect extérieurement il y a un certain nombre d'années.

Taillepied, ainsi qu'on le remarquera, entre dans d'assez grands détails sur son couvent. Cela se comprend du reste ; il en fait une description qui mérite l'attention et qu'on a tout lieu de croire d'une parfaite exactitude ; on remarquera notamment ce qu'il dit de la bibliothèque, dont le catalogue, tout sommaire qu'il le donne, ne laisse pas d'être fort curieux.

Après le père *Gardien,* nom que l'on donnait aux supérieurs dans les communautés de l'ordre des Franciscains, c'était Taillepied qui, en sa qualité de lecteur en théologie, tenait l'office le plus élevé dans les Cordeliers de Pontoise ; sauf quelques mots extraits de ses préfaces et de quelques-uns de ses ouvrages, on n'a pu recueillir qu'un petit nombre de détails sur sa vie ; voué tout entier à l'étude et à la prière, et n'ayant joué aucun rôle dans les affaires publiques de l'époque, l'existence d'un modeste religieux ne pouvait, sauf par

P   2

ses ouvrages, avoir un grand retentissement dans le monde.

Ce fut aux Cordeliers de Pontoise qu'il dut composer une partie, ou la partie, de ses ouvrages édités à Paris, et notamment la *Vie de Luther* et la *Philosophie d'A-ristote;* Pontoise n'avait d'ailleurs alors aucune im-primerie; la première qui fonctionna dans cette ville, et encore momentanément, fut celle de Julien Courant, imprimeur du roi, pendant la Fronde, en 1652.

Taillepied dit, dans ses *Antiquités,* que le nombre des religieux qui composaient sa communauté variait souvent, parce que les évêques changeaient les frères de résidence, et les envoyaient « *çà et là, pour la com-modité des autres maisons.* » Ils choisissaient, pour les grandes villes, les sujets de l'ordre les plus distingués comme prédicateurs. Ce fut là sans doute la raison pour laquelle Taillepied quitta Pontoise, pour entrer dans le couvent des Cordeliers de Rouen.

Il continua d'y professer la théologie; ce fut dans cette ville qu'il écrivit ses livres les plus intéressants pour nous, les antiquités de Rouen et celles de Pon-toise; ces derniers écrits eurent un grand succès, si l'on en juge par la pièce suivante, publiée dans une des rééditions des *Antiquités de Rouen.*

F. Jean Le Galoys à l'auteur :

SONNET.

Comme un vaillant Jason, affamé d'un désir
D'arracher de Colchos la toison précieuse,
En grand'peine et labeur d'une mer écumeuse
Sept ans fend les bouillons, se privant de plaisir ;

Ou, comme un grand Hercul ne craint point de mourir,
Son honneur prétendant, d'une ardeur courageuse,

S'avance entre les dents de gueule furieuse
De mil hydres cruels sans la mort encourir.

Ainsi, mon Taillepied, afin que d'une gloire,
Tu consacres ton nom au temple de mémoire,
Après tant de labeurs, cet heur as remporté.

Pour avoir mis au jour cette œuvre tant heureuse
De Rouen, cité qu'une nuit envieuse
Cachait par si long temps à la postérité !

R. M. R.

La mythologie était très-prisée à cette époque ; il en
était de même des citations des grands noms de l'antiquité : ainsi, dans ses préfaces, Taillepied parle, ici
de Thésée, là du Minotaure, ailleurs de Tarquin, de
Thémistocle, de Tite-Live, etc.; en un mot, d'une foule
de personnages dont, en fin de compte, il aurait par-
faitement pu laisser les mânes tranquilles ; mais c'était
le goût du jour, et on y a sacrifié à toutes les époques.

Un autre usage des siècles derniers qui, sans dispa-
raître, s'est du moins beaucoup modifié, était de faire
précéder tout livre, soit de prose, soit de poésie, d'une
longue dédicace, adressée à quelque puissant person-
nage sous la protection duquel on plaçait en quelque
sorte l'ouvrage ainsi dédié : il y a eu des dédicaces qui
n'ont pas toujours été heureuses, et qui, de nos jours,
nous causent un certain étonnement, comme, par
exemple, celle de *Cinna*, que Corneille dédia au finan-
cier de Montauron, et dans laquelle il compara celui-
ci à l'empereur Auguste.

Il semble que la substance et le contenu d'un livre
devraient guider l'auteur, et qu'il y a une certaine con-
venance à observer en l'adressant à quelqu'un ; ainsi,
Taillepied offre à la reine son *Traité du jubilé* de 1576 :
rien de mieux, mais il dédie à la comtesse de Secondi-

gny, les *Œuvres de philosophie d'Aristote*, son livre le
plus abstrait, et rempli de citations en texte grec. Il y
a là quelque chose qui ne semble plus en rapport avec
les usages de notre époque : que dirait-on aujourd'hui
d'un colonel d'artillerie qui dédierait à une jeune fille
un traité sur les canons à tir rapide ! Se figure-t-on
encore M. Halanzier faisant à l'archevêque de Paris
l'hommage d'une *Histoire de l'Opéra?* Tout le monde
n'a pas la situation et l'esprit de Voltaire et de Be-
noît XIV, le premier, pour dédier *Mahomet* au second,
et le second pour savoir l'accepter !

À part cette dédicace de la *Philosophie d'Aristote*,
les autres ouvrages de Taillepied sont adressés à des
hommes éminents de son temps; et si j'ai parlé de
cette particularité qui distingue ses préfaces ou dédicaces, c'est que celles-ci contrastent généralement par
leur ton, par leurs citations de l'antiquité, et par une
certaine pompe dans les phrases, avec le style simple
et plein de bonhomie qui est le fond ordinaire de ses
écrits, et dont on jugera plus loin.

Il convient à présent d'énumérer les travaux littéraires de Noël Taillepied.

Sans faire une analyse de chacun de ses ouvrages,
dont j'ai cherché à rendre la liste aussi complète que
possible, j'ai cru devoir ajouter aux titres de ses principaux livres quelques renseignements bibliographiques et quelques citations qui m'ont paru dignes d'intérêt.

III

Brief traicté et déclaration de l'an jubilé, et effi-
cacité des pardons et indulgences, etc., par
Fr. Noel Tallepied (sic), religieux de l'ordre
de Saint-François, du couvent de Ponthoyse. Paris,
Jean Parent, 1576 : dédié à très-vertueuse et illustre
princesse madame Loyse de Lorraine, royne de France.

C'est un opuscule, dans lequel il est question du jubilé de 1576, des grâces spirituelles attachées à ce
jubilé; des pratiques religieuses à observer pour bé-
néficier des indulgences que peuvent « gaigner » à cette
occasion, tous les « pescheurs, tels que : larrons, bri-
gands, boute feux, paillards et paillardes publiques,
usuriers, concubinaires, perturbateurs de République,
devins, magiciens, religieux-propriétaires, sacriléges,
simoniaques et bénéficiaires qui ne résident pas sur
leur bénéfice sans excuse légitime. »

On y trouve une pièce de vers d'un cordelier du nom
de L. I. Camus.

❋

Vies de Luther, de Carlostadt (André Bodestein) et
de P. Martyr, Paris, 1577, in-8°, par N. Talepied, c. de
Pontoise (sic). La vie de Luther a été réimprimée avec
celles de Calvin et de Th. de Bèze, par Jérôme Bolsec,
sous ce titre : Histoire des vies, mœurs, actes et morts
des trois principaux hérétiques de notre temps; Douai,

1616, in-12, rare. C'est par erreur, dit Michaud, que dans les notes sur la Bibl. de Lacroix du Maine, Rigoley de Juvigny a attribué à Noël Taillepied, la vie de Th. de Bèze, qui est de Bolsec. Chacune des notices biographiques de ce livre est précédée d'une courte préface, commençant invariablement par ces mots : *Amy lecteur.* Il n'y a pas de dates ou de notes particulières qui méritent d'être signalées. La première édition, de 1577, qui est peu commune, ne se trouve pas à la Bibliothèque nationale.

❋

Collectio quatuor Doctorum : Ambrosii, Hieronymi, Augustini et Gregori, super trigenta articulis ab hæreticis modernis disputatis, 1577, in-8°. Recueil que l'on a, mais à tort, attribué à Bunderen, religieux dominicain, mort à Gand, et dans lequel Taillepied combat les théories du calvinisme par des arguments tirés des quatre Pères de l'Eglise. (N'est pas à la Bibl. nat.)

❋

Commentarii in Threnos, sive lamentationes Hieremiæ prophetæ. 1582, in-8° (cité par Vogt. Catal. des livres rares). (N'existe pas à la Bibl. nat.)

❋

Eloge de Nicolas Denise, frère mineur (placé à la fin d'un ouvrage de ce religieux).

❋

La confession de foi, avec une épistre aux chrestiens. (Ne se trouve pas à la Bibliothèque nationale.)

On connaît peu, à présent, ces derniers ouvrages

théologiques, qui ont dû avoir, à l'époque où ils ont paru, un intérêt d'actualité, comme livres doctrinaires. Aujourd'hui on ne leur attache guère d'importance qu'au point de vue bibliographique, car il est en effet assez rare de les rencontrer.

✸

Œuvres de philosophie, à sçavoir, dialectique, phisique et éthique d'Aristote, réduicts en épitome par Fr. Noël Taillepied, lecteur en théologie, de Pontoyse. Paris, Jean Parent, rue Saint-Jacques, 1583, in-8°. Dédié à très-haute et puissante dame Renée de Cosses, Dampville, Méru, comtesse de Secondigny.

Ce volume, imprimé en beaux caractères, forme environ 300 pages; il y a une figure dans le texte. Selon l'usage, il débute par des pièces de vers, dont une en grec; une autre : *in laudem autoris carmen*, signée : Pierre Charton, finit ainsi :

Ergo tuum Phœbo commendet sacra juventus
Ac miretur opus Ponthisarana domus.

Une troisième pièce latine est intitulée : *in Galliam fratris Pedapti, sive Taillepied philosopham.* L'ouvrage est un développement des doctrines d'Aristote, accompagné de commentaires et de réflexions sur les systèmes des anciens philosophes.

✸

Histoire de l'Estat et République des Druides, « Eubages, Sarronides, Bardes, Vacies, anciens François, gouverneurs du païs de la Gaule, depuis le déluge universel, jusques à la venue de Jésus-Christ en ce

monde, etc., escrit nouvellement en françcis. A Paris,
chez Jean Parent, rue Saint-Jacques, 1585. »

Le libraire a pour marque un bateau (sans doute la
nef des armes de Paris), avec cette légende : VOGVE
LA GALLÈRE.

Ce livre est dédié à Charles de Montmorency, seigneur de Dampville et de Méru, qui, d'après les *Antiquités de Pontoise*, faisait du château de Vigny sa résidence habituelle à cette époque.

Il est, quoique savant sous plus d'un rapport, un
des plus singuliers qui soient sortis de la plume de
notre écrivain ; on y rencontre des légendes bizarres
et des fables absolument invraisemblables, à côté de
faits historiques d'une certaine valeur ; plusieurs auteurs ont parlé cependant de l'*Histoire des Druides*; on
en·trouve notamment une analyse, à laquelle nous
nous bornerons à renvoyer les curieux, dans la *Bibliothèque historique de France*, tome I, n° 3813; J. Georg.
Frick en a donné un extrait dans le *Commentar. de
Druidis Occidental. Populor. Philosophis.* (2° partie).
Je ne connais pas de réédition ancienne ou nouvelle
de cet ouvrage ; mais le *Thesaurus antiquitatum Ger-
manicarum*, de Trever, dont la publication était an-
noncée dans les Mémoires de Trévoux (4° trimestre de
1731, p. 2193), devait contenir l'*Histoire des Druides*,
sous le n° 401 de cette collection.

Taillepied, n'en déplaise à nos modernes réforma-
trices du Code, n'aurait pas été partisan de confier
aux femmes ce qu'on est convenu d'appeler « les rênes
du char de l'Etat, » et il en donne la raison :

« Par quoy, dit-il, on ne doit objecter la police telle
que celle des Amazones, ou de Sémiramis et autres,

lesquelles par leur puante paillardise ont plus faict de
mal aux femmes que d'honneur; je laisse pour une
autre fois, à parler des bonnes, *s'il s'en trouve* quelques-unes aux histoires prophanes, et diray à mon
propos que la mauvaistié et malice des mauvaises a
fait perdre le goust aux législateurs de concéder les
offices de la République aux femmes. »

On peut n'être pas désireux de voir les femmes sié-
ger à la Cour de Cassation, et cependant avoir d'elles
une meilleure opinion que Taillepied, dont nous inter-
romprons ici la citation.

Il est probable, du reste, que les femmes n'assis-
taient pas aux sacrifices druidiques : autrement, comment auraient-elles pu se plier à la règle sévère de silence qu'on y observait; en effet, sous ce titre : *Punition des babillards pendant le sermon*, voici ce qu'écrit
Taillepied, d'après les Commentaires de César :

« De nos Vacies, César fait encore mention d'une
chose remarquable, à sçavoir qu'estans assemblez en
leurs sacrifices, y avoit si grand silence, que si quelqu'un estoit dépréhendé babillant, il estoit puny très-
rigoureusement. Il y avoit un Bideau accosté pour
faire faire silence, qui alloit avec un baston menacer
ceux qu'il vòyoit cacqueter l'un avec l'autre et ce,
devant que tout fust assemblé au sacrifice, car après
que chacun estoit arrivé et que le sacrificateur avoit
commencé la prédication, le dit Bideau prenoit, au lieu
du baston, un symettre, ou cimeterre, autrement dit
une espée tranchante d'un costé, que s'il avoit adverty
quelqu'un, jusquà la troisiesme fois, et ne vouloit se
taire, il luy coupoit un grand lambeau de son veste-

ment, afin que par telle injure qu'on luy faisoit fut contrainct de garder silence. »

Et après avoir commenté cette *observance de taciturnité*, Taillepied ajoute : « Et de faict, la première chose qu'on doibt apprendre à un enfant pour parvenir à vertu, c'est de se taire en compagnie : car de se taire, peu se repent-on, mais de parler trop. »

Virtutem primam esse puta, compescere linguam, a dit aussi Caton !

Relatons encore un passage du même livre ; il s'agit maintenant du culte du dieu Anubis, qui, d'après Hérodote, avait la tète d'un chien ; cette idole passait pour préserver les temples et les édifices, en général, de la visite des voleurs et des pillards ; aujourd'hui on ne met plus sa confiance que dans les bons offices de la gendarmerie !

Anubis figurait parmi les faux dieux adorés par les Gaulois, qui avaient conservé pour lui une certaine déférence : « car tout ainsi que les chiens servent à garder les hommes (et quelquefois à les mordre), et répulser les larrons, ainsi estimoient-ils qu'Anubis faisait le même office. » Après avoir cité un certain nombre d'exemples de chiens dénonciateurs de crimes restés jusqu'alors inconnus, Taillepied parle d'un fait de son époque ; nous reproduisons le passage qui relate cette aventure tragique :

« Que dirions-nous d'un acte advenu en nostre temps par la révélation d'un chien? L'an de grâce 1558 ou 1559, le jour de la conversion Saint Paul, fut décapitée à Rouen une damoiselle, pour avoir tué son mary, duquel elle enterra le corps secrettement dedans une pièce de terre non éloignée de beaucoup de sa maison, et feignit plus de trois mois durant que son dit mary estoit allé dehors. Toute fois, au bout des trois mois, on se doubta de l'occision du dit mary, à cause que le petit chien du gentilhomme ne cessoit d'abbayer au lieu où le dit gentilhomme estoit inhumé et y piedtinoit toujours jusques à donner suspition que là estoit le corps du dit gentilhomme, comme il estoit vray. Car après qu'on y eust regardé, on trouva qu'il estoit ainsi, et le sceut-on aussi tant par confession de la damoiselle, que de sa servante. »

« Du dieu Anubis fait mention : Cælius, Virgile... Lucan... Textor, et tous conviennent à ce poinct qu'ils dient qu'on l'effigioit en figure d'un chien par le chef ensigne de fidèle révélation qu'il demonstroit envers les larrons ; le sieur de Chasseneux dit, au surplus, qu'auprès de ceste même cité d'Othun y a une petite montagne, aux fauxbourgs, qu'on appelle Philosie, en laquelle estoit jadis un temple dédié à Cupidon, dieu d'amour, où les jeunes pucelles faisoient leur séjour, sous la protection du dit Cupidon, escrivant les larrecins d'amour : et après qu'elles avoient prins leurs plaisirs voluptueux, se retiroient bellement en une autre petite montagne plus haute où estoient plusieurs domiciles consacrés à Vénus, a fin que leurs amours fussent cachez et mis en oubli par la dite déesse, sous la sauvegarde de laquelle ils se réfugioient ; sur cette montagne.... y avoit un temple dédié à Vénus et Priapus, où estoit adoré le coquu qui est un oyseau lubrique, consacré aux dits dieux, d'où est encore maintenant le lieu appelé Cucabarre, c'est-à-dire, Coquu d'ivoire. Il y avoit encore d'autres lieux consacrez aux dieux Mercure, Jupiter, Berécinthie, Pluton, Proserpine et Python. »

On trouvait alors beaucoup de montagnes ou de lieux élevés, consacrés à Jupiter et appelés, pour cette raison, Mont-Jove, d'où on aurait fait : *Mont-joye*. Taillepied fait dériver Montmartre de Mercure ou de Mars, ce qui est absolument opposé à l'étymologie *Mons Martyrum*, ou Mont-des-Martyrs.

La valeur de ses assertions étymologiques est très-contestable. Dans le chapitre consacré à Belgius, quatorzième roi de Gaule, il explique l'origine du nom de *Vequecin*, « *comme sortant de lui, Belcassinus Pagus.* » Cette origine a été recherchée et très-discutée : d'autres l'ont attribuée au nom des *Véliocasses*, qui habitaient ce pays lorsqu'il tomba sous la domination romaine. L'abbé Trou lui cherche une étymologie dans une consécration à Vulcain, *Pagus Vulcassinus*.

Il est possible qu'à une certaine époque le mot ancien de *Belcassinum* ait pu, par corruption de langage, désigner le Vexin, de même que le pays environnant Troyes s'appelait *Trecassinum*; mais l'existence de Belgius, et surtout la date reculée assignée à son règne (1000 ans après le déluge), doivent être reléguées au rang des fables. Un article de M. Edouard Fournier, consacré à Pontoise, dans l'*Histoire des villes de France*, de M. A. Guilbert, a relevé cette erreur de Taillepied, tout en affirmant cependant la haute antiquité de la fondation de cette ville.

Il paraît que l'obésité, qui à présent n'est plus considérée que comme un cas d'exemption du service militaire, constituait chez les Gaulois un véritable délit : « Nos Gaulois s'efforcoient laisser croistre leur perruque longue, car ils estimoient en grand opprobre quand on tondoit les cheveux ou la barbe à un homme... Quant à l'accoustrement de teste, les femmes estoient affulées, le temps passé, comme sont de présent les femmes de Poissy, et les hommes portoient des bonnets s'ils étoient pères de famille; mais s'ils étoient serviteurs, ils avoient des chapeaux, ou du tout n'en portoient point. Au moyen du continuel travail, labeur et exercice que soigneusement prenoient les Gaulois, ils estoient communément fort maigres de corps, et se gardoient bien de devenir *ventriers,* peur qu'ils ne feussent mis et condamnés à l'amende que sur tels estoit l'ordonnance. »

On pourrait multiplier les citations de ce curieux ouvrage qui, malgré des légendes d'une origine fort suspecte, n'en démontre pas moins que l'auteur avait fait des études très-approfondies sur l'antiquité; il n'y dit rien de spécial à Pontoise, sauf qu'il la nomme «*cité de renom* » dans sa nomenclature des villes de la Gaule; l'aridité des détails géographiques et historiques est atténuée dans ce livre par des passages d'une certaine originalité, tels que ceux que l'on vient de lire et qui donnent un aperçu de l'*Histoire et République des Druides.*

Le *thrésor de l'Eglise catholique*, etc. Paris. N. Bonfons, 1586, petit in-12. La Bibliothèque nationale ne possède pas cet ouvrage.

« *Recueil des antiquitez et singularitez de la ville de Rouen,* avec un progrès des choses mémorables y ad-

venues depuis sa fondation jusqu'à présent. » Rcuen,
Richard Petit, 1587, petit in-8° de XVI et 270 pages.
La même année, nouvelle édition de Raphaël du Petit
Val. On est, dit M. Frère, porté à croire à une seule
et même édition, avec changement de titre ; mais
après un examen attentif, on découvre des différences
sensibles dans divers endroits ; les p_us anciennes
éditions sont les meilleures.

Le *bibliographe Normand* en mentionne sept, notamment une de 1610, par Martin le Mesg_ssier « tenant
sa boutique au haut des degrez du Palais. » 236 pages.

Cet ouvrage, un de ses meilleurs et un des plus im-
portants pour la ville de Rouen, est, après les *antiqui-*
tez de Pontoise, l'œuvre de Taillep_ed qui nous
intéresse le plus, tant à cause de sa nature historique
en général, que parce que le nom de la ville et des
couvents de Pontoise revient de temps en temps sous
la plume de l'auteur.

C'est au cardinal de Bourbon, archevêque de Rouen
et le *Roi de la ligue*, qu'est dédié le livre : « J'ai rédigé
ce petit recueil, lui dit-il, par pièces de si peu d'es-
corches et anciens registres qu'il s'est peu trouver,
après les troubles et sacagements de la ville : et tout
ainsi qu'on fait quelque estime des *antiquitez de Paris*
(de Gilles Corrozet) ainsi désirerois-je très-volontiers
pour l'amour de la ville et du pays, que cestuy petit
livre fut autant bien reçu, et mieux si possible estoit:
ce que je pense ainsi advenir, quand il aura vestu sa
deuxième robbe en seconde impression, si on le permet, et que chacun m'aura fidèlement rapporté ce qui
restera... »

L'ouvrage renferme une foule de détails sur la ville

et les faubourgs de Rouen, les armoiries, l'histoire
des archevêques, les corporations, etc., etc. On a
rapporté que Taillepied aurait puisé une partie de
ces notes dans un ancien manuscrit que lui aurait
prêté Romain le Piart; peut-être est-ce là cet ami
dont il parle et « qui l'aydait en son quart d'heure
après dîner » à composer son livre.

En tête, se trouvent diverses pièces de poésies, dont
l'une, sans nom d'auteur, est un jeu poétique sur les
mots *taille* et *pied* qui reviennent continuellement
dans les vers.

On lit ensuite ce quatrain signé : Jacques le Gras,
de Rouen :

> *Ce Cordelier, de Pontoise la fleur,*
> *Extolle tant de Rouen la valeur*
> *Qu'il vous prendra d'oresnavant envie,*
> *Beaux Pontoisins, que Normands on vous die !*

Ce dernier vers est évidemment une allusion à la
question plusieurs fois soulevée de savoir si Pontoise,
qui déjà était du diocèse de Rouen, faisait ou non
partie de la province de Normandie: « On remist en
doubte n'y a pas longtemps en plein Parlement de
Paris, dit Taillepied, à sçavoir si Pontoise estoit de
la Normandie... le faict fut résolu que Pontoise estoit
du Parlement de Paris, et de la nation. »

On trouve dans les archives de Pontoise une liasse
de diverses pièces concernant la remise de contribu-
tions levées sur la province de Normandie, et entre
autres, un arrêté du grand Conseil (exp. s. parchemin)
en date du 4 octobre 1549, qui décharge la ville des
étappes de Normandie, « comme n'estant point de
cette province, mais bien de l'Isle-de-France. »

Une autre discussion célèbre et relative à des questions de juridiction ecclésiastique, au sujet des droits et prérogatives du grand-vicariat de Pontoise, s'éleva plus tard, et ce débat, qui dura fort longtemps, fut l'objet ou l'occasion de plusieurs publications précieuses aujourd'hui pour notre histoire locale. Nous citerons entre autres :

— Rothomagensis Cathedra, seu Rothomagensium Pontificum dignitas et auctoritas in suam diœcesanam Pontesiam. Auctore, Roberto Denyaldo. I. V. L. Gisortiano Presbytero et Decano. Parisiis apud Carolum Chatelain, via Jacobea, è regione sancti Juonis. 1633.

— Histoire de l'origine et fondation du vicariat de Pontoise. Paris, chez Pierre Targa, rue Saint-Victor, au Soleil d'or. 1636.(Par Guy Bretonneau, d'Andrésy, archidiacre de Brie, qui fut principal du Collége de Pontoise.)

— Histoire véritable de l'antiquité et prééminence du vicariat de Pontoise et du Vexin-le-François, servant de response à l'histoire supposée de son origine et fondation, où est mise au jour et réfutée l'erreur de quelques modernes qui ont voulu rapporter au temps de saint Louys, l'institution première des vicaires de Pontoise, qui florissaient en grande authorité dès l'an 1068, près de 200 ans avant ceste prétendue origine du vicariat, avec une ample déclaration des priviléges, franchises et libertés de la ville de Pontoise que le mesme saint Louys appelle il y a près de 400 ans, les anciennes et louables coutumes des Bourgeois, et qui ont toujours subsisté contre les efforts de ceux qui ont tasché de les abolir, *à Paris et à Pontoise chez Jean de la Varenne*, marchand libraire

près le collége, 1637. (Imprimé par Pierre Chevalier.)
(P. Hippolyte Féret, grand-vicaire de Pontoise, en 1630.)

De ces trois ouvrages, les deux premiers tiennent pour les archevêques de Rouen, et le troisième est au contraire partisan des droits et de l'indépendance relative du grand-vicariat de Pontoise.

Robert Denyauld, l'auteur du traité : *Rothomagensis cathedra,* traite Taillepied avec fort peu d'égards, et se distingue contre lui par une âcreté de termes qu'on n'aime pas à rencontrer sous la plume d'un homme investi des fonctions du sacerdoce, et cela parce que *Taillepiedus,* comme il le nomme en latin, a écrit quelques lignes sur cette épineuse question, dans lesquelles il rapporte tout simplement ce qui se fait de son temps, et ce qu'il a entendu dire : « que jadis Pontoise étoit du diocèse de Paris, etc. »

Voici d'abord quelques titres qui parlent assez d'eux-mêmes, sans citer le texte latin en entier à l'appui.

CAPUT XXI. — RESPONDETUR ALLEGATIONIBUS TAILLEPIEDI.

1. *Taillepiedus falsus testis.* — 2. *Mala Taillepiedi argumentatio.* — 3. *Futiles nugationes Taillepiedi.* — 16. *Ignoratur festum cathedræ Pontisianæ.* — 17. *Iterum mentitur, Taillepiedus;* etc., etc.

Pour donner une idée de l'aménité avec laquelle le pauvre cordelier est traité dans le livre en question, voici le passage relatif à la *chaire* de N.-D. de Paris, qui, d'après Taillepied, portait cette mention : *c'est la chaire de l'archidiacre de Pontoise.*

« *Hæc est cathedra archidiaconi de Pontaisia: nuci-*

P   3

bus ludit, et repuerascit frater ille simplicianus, et me-
rum putum dicit mendacium. Insolens enim factum, et
nullius exempli sedibus ecclesiarum cathedralium vel
collegiatarum, inscribi titulos sedentium, aut sedendi
jus habentium, et in casu præsenti apertè falsum! »

En tout, huit pages in-4° de latin de cette force
pour réduire à néant *les seize lignes* de Taillepied, qui,
lorsqu'il les écrivit, ne croyait mériter en conscience
    Ni cet excès d'honneur, ni cette indignité.

« Faux témoin! Ignorant! Arguments vicieux et
futiles! »

C'est traiter cavalièrement un homme qui a célébré
les antiquités de Rouen, écrit l'histoire des archevêques, et dédié son livre au cardinal de Bourbon.

Mais ce n'est pas tout! — Toutes les éditions du
livre de Denyauld ne contiennent pas des notes assez
curieuses, complémentaires ou rectificatives, placées
à la fin de son traité; dans une de ces notes, page 195,
il revient à la charge contre le cordelier de Pontoise,
et on va voir de quelle manière.

Il explique d'abord que la lettre **N** voulait dire
Nicolas, mais que depuis, il a appris que le frère
Taillepied s'appelait *Natalis* (en français Noël), et
cela par des lettres d'un de ses compatriotes qui avait
longtemps vécu avec lui (*contubernali ejus*), qui l'a
connu dès sa plus tendre enfance (*ab incunabilis*), et
dont le témoignage est irrécusable, l'ayant connu à
fond (*intus et in cute*). Ce sont ces lettres, disons-nous,
d'un collègue (qui ne devait pas être son ami, à en
juger par le mal qu'il en dit), qui donnent tous ces
détails à Denyauld.

Celui-ci nous apprend, toujours sur la foi de l'*ami*

en question, que frère Noël était un sophiste, un far-
ceur, un bouffon (*cavillatore ridiculo*) et qui plus est,
un bavard ! — Il avait l'habitude de dire ou d'écrire
à tort et à travers, tout ce qui lui passait par la tête :
sa mère lui faisait des reproches fréquents sur son
habitude invétérée de mentir. J'espère, ajoute chari-
tablement Denyauld, qu'avant de mourir ses senti-
ments se seront améliorés : il en résulte, dit-il, qu'on
ne doit pas s'étonner si la légende Pontoisienne est
heureuse d'avoir rencontré un avocat aussi illustre, etc., etc.

C'est cette bonhomie, c'est la franchise qui distingue
Taillepied, animé de la foi naïve de son époque, c'est
le naturel et le sans façon d'un écrivain sans apprêt et
sans arrière-pensée, qui lui ont valu cette série de
compliments, émanés de quelque confrère, jaloux de
ses mérites.

Si j'ai reproduit ce curieux passage de Denyauld,
qui n'a rien de flatteur pour Taillepied, c'est d'abord,
parce que j'ai cherché à rappeler tout ce qui se ratta-
che à cet auteur ; mais c'est surtout à cause d'une annotation marginale, *une manchette*, qui est des plus
importantes en ce qui concerne le lieu de naissance de
notre auteur : *De fratre Taillepiedo Testimonium viri
inter Pontœsianos primarii. « Opinion d'un Pontoisien
distingué sur Taillepied. »*

C'est encore là une démonstration de l'origine pontoisienne de ce dernier : puisque ce Pontoisien de
distinction, peu aimable pour lui d'ailleurs, l'avait
connu dès son jeune âge, avait aussi connu sa mère,
et jusqu'aux reproches que celle-ci lui faisait sur sa
vilaine habitude de cacher la vérité ! Cette annotation,

dont on ne saurait dénier l'importance, vient corro-
borer et confirmer tout ce qu'on a lu ci-dessus, au
sujet du lieu de naissance de Taillepied.

J'ajouterai que, malgré cette hostilité évidente envers frère Noël, le livre de Denyauld, dédié au cardinal de Richelieu, est un fort savant plaidoyer en
faveur des droits des archevêques de Rouen sur
Pontoise, et, en ce qui nous concerne, particulièrement intéressant par les documents historiques qu'il
cite ou qu'il invoque. Il y a entre autres un chapitre
(le deuxième de son ouvrage) consacré à l'origine du
nom de Pontoise : *de nomine Pontœsiœ et Pontisarœ.*
Robert Deynauld (d'autres écrivent auss. Denyau) —
qui était d'origine noble, avait le titre de Doyen de
l'église et de la ville de Gisors et était gradué-licencié
en droit civil et canon.

Plus tard, encore nouveaux débats avec les archevêques de Rouen, et nouvelles publications !

Nous avons le : Mémoire ou factum pour les Eche-
vins et habitans de Pontoise appelant comme d'abus,
demandeurs, contre messire Jacques-Nicolas Colbert,
archevêque de Rouen, intimé et défendeur; pièce
intéressante à consulter.

Puis un livre des plus utiles à notre histoire :
Eclaircissement de l'ancien droit de l'évêque et de
l'église de Paris sur Pontoise et le Vexin français, par
Jean Deslyons, docteur de Sorbonne, doyen et théo-
logal de Senlis. Paris, 1694, imp, par la vᵉ Coignard
(408 pages). C'est une réponse au traité *Bothomagensis
cathedra.*

Ce Jean Deslyons, né à Pontoise en 1615, était fils
de Nicolas Deslyons, seigneur de Theuville et Prévôt-

en-garde de Pontoise. Sa mère, Perette Dumont, était aussi d'une très-ancienne famille de cette ville. Il fut élevé aux fonctions de conseiller, de prédicateur et d'aumônier du Roi. Dans le *Siècle de Louis XIV*, Voltaire le cite parmi les écrivains de cette période d'éclat pour les lettres, et le traite « d'homme singulier. » Il mourut le 26 mars 1700 et fut enterré dans une chapelle de la cathédrale de Senlis.

On a quelquefois confondu le Pontoisien Deslyons, doyen de Senlis, avec son homonyme et contemporain messire Jean Deslyons, également docteur en théologie de la faculté de Rome, prêtre de Saint-Maclou, et dont on peut voir encore aujourd'hui la pierre tombale dans cette église, près de la chapelle de la Passion.

Ce dernier mourut le 7 février 1695 ; l'acte d'inhumation, que j'ai retrouvé dans le registre de paroisse, constate qu'il fut enterré dans l'église, le 8 février « avant midi»; il est signé : *de Monthiers; Lefébure de Moussy; Leicellier; Deslyons; Auber; Mellon Soret* (curé), etc., etc., « *parents et amis* du deffunct, qui ont assisté à son convoy ».

On retrouve les armes de cette famille, qui paraît avoir fourni au clergé plusieurs membres distingués, non-seulement sur la pierre tombale en question, mais aussi dans les vitraux de la chapelle de la Passion.

L'éclaircissement des droits de l'évêque de Paris sur Pontoise va nous ramener encore à Taillepied ; l'auteur, qui plaide chaudement et éloquemment contre les archevêques de Rouen la cause de ce qu'il appelle les libertés canoniques de sa patrie et du Vexin français, que l'on s'efforce, dit-il, de ruiner de-

puis cent ans, produit une foule de documents historiques du plus haut intérêt ; son livre contient des re-
productions de sceaux et d'anciens cachets du grand
vicariat ; il fait aussi comparaître, en quelque sorte,
les écrivains ou personnages qu'il juge utiles à sa dé-
fense, et entre autres N. Taillepied.

Seulement, J. Deslyons semble avoir fort peu étudié
ce dernier écrivain et ne paraît avoir lu des *antiquités
de Pontoise* que le passage relatif au litige dont nous
venons de parler : il est même probable qu'il n'a
jamais eu entre les mains le texte complet et *imprimé*
de cet ouvrage, et il commet au sujet de l'auteur plusieurs erreurs qui semblent le démontrer.

Outre qu'il le nomme encore *Nicolas*, ce en quoi il
semble copier Deynauld, il ajoute : *qu'il n'était pas du
pays* ; il dit enfin qu'il composa son livre *au couvent
des cordeliers de Pontoise,* ce qui est erroné. Taillepied,
qui était de Pontoise, d'après les Rouennais qui le
connaissaient bien et qui le disent, a, au contraire,
composé son livre à Rouen. Un passage des *Antiquités*
l'établit. Il est cependant à présumer qu'il avait em-
porté des notes à l'aide desquelles il a mis en ordre
ses souvenirs, et qu'il a ensuite réunies en forme de
volume.

Voici le passage de J. Deslyons dans lequel il in-
terprète les quelques lignes de F. Noël :

DEUXIÈME TÉMOIN. — *Nicolas Taillepied, religieux
et lecteur en théologie de l'Ordre de Saint-François*
(p. 364, § 4). « Celuy-ci le marque assez dans son
livre des Antiquités de Pontoise ; c'est un témoin
qualifié et non suspect. Il n'étoit point du païs, ni

intéressé dans la cause : il écrivoit dans un temps où l'on ne voit pas qu'il eût aucun différent sur cette matière; son livre est imprimé, et il le composa dans le couvent des Cordeliers de Pontoise. »

« Il ne peut donc avoir appris ce qu'il en a écrit que des Anciens et des Doctes qui l'avoient eux-mêmes ouy de leurs ancêtres ou lu dans de vieux monuments. Il était lecteur en théologie, et il a composé d'autres ouvrages de science et de piété qui sont dans les Bibliothèques.

« Il a même mis en lumière un livre des Antiquités de Rouen, dont la Pommeraye, notre adversaire, se sert dans son histoire des Archevêques : ce qui témoigne que Taillepied avoit de l'affection pour cette ville métropolitaine, à laquelle par conséquent il n'auroit pas voulu ravir la gloire de sa primatie sur celle de Pontoise, mais il rapporte simplement ce qu'il a trouvé. »

Ici, une citation des Antiquités de Pontoise, depuis les mots : « *Entre les chaires de la grande Église Notre-Dame de Paris*, jusqu'aux mots : *quelque chose audit synode* (voir ci-après).

Après un commentaire assez étendu de ce passage de Taillepied, Jean Deslyons continue :

« Du reste, on peut icy remarquer que ce Docteur ne parle qu'en historien; il rapporte ce qu'il avoit appris des Anciens du pals, mais il parle de la chaire de l'archidiacre de Pontoise, dans l'église de Paris, comme d'un fait qui subsistoit encore de son temps, c'est-à-dire en 1587, que son livre paroît imprimé à Rouen, chez George Loiselet.

« Et cette circonstance fait voir la sincérité de l'au-

teur, qui publioit la chose dans la métropole même
et sans crainte d'offenser ni la personne ni les droits
de l'Archevêque de Rouen. Nos parties qui ont écrit
contre ce qu'a dit cet auteur, ne nient pas ces faits;
ils s'amusent seulement à chercher et à rendre des
raisons pour quoy cela s'est ainsi fait du temps de
l'ancien Archidiaconé et pourquoy il reste encore des
usages et des priviléges, etc. »

Quittons ces querelles, et revenons aux *Antiquités
de Rouen.*

Taillepied aura contribué à transmettre aux géné-
rations futures l'origine du dicton populaire : *Boire
à tire-la-Rigaut;* origine que nous croyons devoir
relater ici ; il s'agit d'une cloche qui portait le nom
de Odo ou Eudes Rigault, de l'Ordre des Frères
Mineurs, archevêque de Rouen en 1248.

« A l'une des tours de l'Église Nostre - Dame de
Rouen, dit-il, y a une grosse cloche, de grosseur
admirable, voire tant pesante à esbranler, qu'il faut
douze hommes pour la sonner; aussi y a-t-il quatre
demy-roues, et quatre chables à la tirer. Et pour ce
que le temps passé, il eschéoit bien de boire, avant
que de la sonner, le proverbe commun est venu qu'on
dict d'un bon beuveur *qu'il boit à tire-la-Rigault!* »

On retrouve la même explication dans les manuscrits Gaignières (*Prov. franc.,* t. I).

Rabelais, lui, écrit *tirelarigot,* en un seul mot : « et
» pour l'apaiser (Gargantua) luy donnarent à boire à
» *tirelarigot,* et feut porté sur les fonts, et là baptisé
» comme est la coustume des bons christians » (chapitre VII... *Comment il humoit le piot!*)

M. Le Roux de Lincy n'a pas mentionné le passage

de Taillepied dans les explications qu'il donne de ce
dicton (*Livr. des Prov.* II, 133).

Puisque nous parlons de boire, et de dictons populaires, il n'y a pas absolument que les sonneurs de
cloches qui ont laissé une certaine réputation d'être
de « *bons beuveurs.* »

Ne dit-on pas quelquefois, que

> ..... boire en Cordelier
> C'est vider le cellier !

Il doit y avoir certainement aussi une raison d'être
de ce distique, que nous ne rechercherons pas, et qui
d'ailleurs ne doit avoir rien de personnel à notre
auteur !

Vers 1762, il avait été question de rééditer avec
notes, plans, cartes, etc., les *Antiquités de Rouen;* ce
projet n'a pu être mis à exécution « quoique ce soit
bien désirable, dit une note du *Bibliographe.*

Espérons qu'un Rouennais suivra notre exemple,
et donnera un pendant à la réimpression des *Antiquités de Pontoise;* dans la capitale de la Normandie,
pleine de souvenirs historiques, et où des érudits et
des travailleurs ont fondé des sociétés savantes, une
pareille réimpression est assurée d'un plein succès,
ce que nous lui souhaitons de tout cœur.

Les antiquitez et singularitez de la ville de Pontoise,
imprimées à Rouen par George l'Oiselet, qui font
l'objet de cette réédition, se composent de 112 pages
de petit format, ou plutôt de 56 feuillets, car la pagi-
nation n'existe que d'un seul côté, comme dans les
livres de cette époque (1587).

Ce volume, très-recherché des collectionneurs, a
atteint, dans certaines enchères, des prix relativement
fabuleux. Je dirai même qu'il est *trop recherché* par
certains amateurs... peu délicats : ainsi, à la vente
des livres de M. Soleil, le célèbre caissier, signataire
de tant de billets de la Banque de France, un Taillepied fut volé par un audacieux filou, qui, je l'espère,
à l'honneur de nos concitoyens, n'est pas de Pontoise,
et sur lequel on finira bien par mettre la main quelque jour!

L'exemplaire que je possède, et sur lequel a été
collationnée la présente réimpression, provient de la
vente des livres de M. Frère, bibliophile Rouennais
distingué, qui avait recueilli une belle collection sur
la Normandie.

C'est *à Rouen* que le livre a été écrit, ainsi que cela
paraît résulter d'un passage dans lequel Taillepied
regrette de ne plus se rappeler très-exactement les
noms des rues et ruelles de Pontoise « desquelles,
estant esloigné, dit-il, demeurant pour cest heure à
Rouen, n'ay trouvé personne qui m'aydast en mon
quart d'heure après disner, pour plainement réduire
par escrit ce qui me venoit en mémoire, comme j'ai
eu en faisant les *Antiquités de Rouen.* »

Nous ne pouvons nous empêcher de regretter vive-
ment ici que cette idée d'écrire un livre sur Pontoise,
ne lui soit pas plus tôt venue, alors qu'il était encore
aux Cordeliers de cette ville; nul doute qu'il n'eût
laissé un recueil plus considérable et plus nourri de
faits, sous le rapport historique, comme il l'a fait
pour Rouen; son livre est en réalité un peu court,
mais, tel qu'il est, il est encore précieux pour nous.

Certes, son ouvrage n'est pas exempt d'erreurs, et jamais il ne m'est venu à l'idée de faire passer pour un chef-d'œuvre *les Antiquités de Pontoise*, ni d'élever Taillepied au rang des sommités littéraires, même de son époque. Mais ici-bas, où rien n'est parfait, tout est relatif : son petit livre, quel qu'en soit d'ailleurs le mérite intrinsèque, acquiert aujourd'hui une importance très-grande, en raison même de sa date, et du milieu dans lequel il a été écrit.

Dans le but de rendre la lecture plus facile et le sens général plus intelligible, nous avons cru devoir supprimer les abréviations ainsi que les caractères d'imprimerie du xvi° siècle, et rétablir dans un français un peu plus moderne l'orthographe de quelques mots de l'édition de 1587; sans doute les amateurs de curiosités bibliographiques nous en voudront de ces légères modifications, si insignifiantes qu'elles soient; mais beaucoup de lecteurs gagneront à la clarté du texte, et à la facilité de la lecture. A part cela du reste, notre réédition a été scrupuleusement collationnée sur l'imprimé de Georges L'Oiselet, comparée avec les manuscrits anciens de la ville de Pontoise, et augmentée des notes de ces manuscrits; cette nouvelle édition est donc aussi complète que possible.

En tête des *Antiquités,* on verra la reproduction exacte de la marque de Georges L'Oiselet, de Rouen, qui en a été tout à la fois le premier, l'éditeur et l'imprimeur; le sujet que représente cette marque est évidemment une allusion au nom de *L'Oiselet;* ce sont, en quelque sorte, les *armes parlantes* de ce typographe, comme en avaient à cette époque presque tous les imprimeurs, et que recherchent aujourd'hui les ama-

teurs d'*ex-libris,* de *monogrammes,* etc. des anciennes
éditions.

Après la dédicace du livre à M. Nicolas Fournier,
marchand bourgeois de Pontoise, datée du 1er août
1587, on lit un huitain de F. P. Nepos, C. de Rouen.
Puis commence le texte des Antiquités de Pontoise;
Taillepied recherche l'origine du nom de Vexin, et
déclare « qu'il n'y a au monde pays « plus commode
» à l'entretenement de la vie humaine, tant pour la
» sérénité de l'air que pour l'abondance des vivres
» qui y sont, quand il court bon temps. »

Vient ensuite une énumération des seigneurs et
personnages de distinction qui font de cette contrée leur
résidence habituelle, ainsi que des principaux domaines possédés par diverses communautés religieuses.

On ne saurait ici faire du livre une analyse historique plus ou moins développée; les détails dans lesquels il faudrait entrer prendraient les proportions
d'un commentaire littéral, et seraient trop considérables eu égard aux limites dans lesquelles j'ai cherché à renfermer cette notice. On a dit : Heureux les
peuples qui n'ont pas d'histoire! On peut en dire
autant des villes : Pontoise, hélas! a une histoire;
sa situation géographique lui a fait jouer un rôle
considérable dans les événements politiques et mili-
taires au moyen âge, et à l'époque des troubles de la
Ligue et de la Fronde; enfin le nom de chacun des
édifices religieux de cette époque pourrait, si on voulait s'en donner la peine, fournir l'occasion d'un
volume : chaque monument a eu son histoire aussi!

Je renverrai donc seulement le lecteur aux notes
qui accompagnent le texte, et qui sont de deux na-

tures : les unes, qui, au point de vue de cette première
réimpression, offrent un certain intérêt, sont extraites
des manuscrits de la ville et complétement inédites.
Les autres sont de simples explications du texte ou
quelques éclaircissements que nous avons cru devoir
donner sur divers points du livre de Taillepied.

Cet ouvrage va appeler sous les yeux du lecteur
tout un état de choses auquel le temps a fait subir
de radicales modifications. On va revoir tout le Pontoise d'il y a trois cents ans : les ruines de l'ancien Pont,
à Saint-Martin, et aussi celles du Château-Belger ; l'ancien Château-Royal, la chanoinerie de St-Mellon, l'hôtel
d'Orgemont, l'église St-Pierre, le cimetière du Château, St-Maclou et ses deux curés, Saint-André et
sa chapelle souterraine, l'hospice de St-Louis, le couvent des Cordeliers, les hôtels d'Alençon et de Villette, le Palais du Grand-Vicariat, l'ancienne église
Notre-Dame, la plus belle de Pontoise, où plus de
cent mille pèlerins vinrent pendant le cours du jubilé
de 1555, la Maladrerie de l'Aumône, le monastère de
Maubuisson avec les deux chœurs de son église, l'hôpital Saint-Antoine, les portes et fossés, le pont avec
ses moulins et boucheries, la grande Boucherie de
la rue Basse, la Harengerie, les Corporations, la Confrérie aux Clercs, celle de la Passion et les autres,
les processions bizarres de cette époque, l'administration, les tribunaux civils et ecclésiastiques, les
dix-huit avocats, la geôle, le Beffroi, les fontaines
publiques, et mille autres détails intéressants.

Ce sont ces descriptions, qui doivent être fidèles, si
brèves qu'elles soient; ce sont ces traditions, qu'il
rapporte de bonne foi d'ailleurs; ce sont ces peintures

de mœurs déjà bien éloignées de nous, qui font tout
l'intérêt du volume, et, malgré la modestie du travail
de Taillepied, lui assignent une place dans la liste
de nos historiens locaux, à la tête desquels il figurera désormais, par ordre chronologique en tout cas.

❋

. *Psichologie*, ou *Traité de l'apparition des esprits*, à
sçavoir des âmes séparées, fantosmes, prodiges, et
autres accidents merveilleux, qui précèdent quelquefois la mort des grands personnages, ou signifient
changement de la chose publique.—Rouen. Michel
le Deutre. 1588, in-12. Souvent réimprimé dans les
premières années du xviiᵉ siècle, et notamment par Jean
Corrozet, à Paris, « dedans la grande salle du Palais,
devant les Consultations, 1616. — L'édition qui passe
pour la plus recherchée est celle de 1602. Paris, in-12.

Ce traité des esprits est un assez curieux livre, et
est considéré comme un des plus savants de l'époque
qui aient été écrits sur les apparitions, quoi qu'en
dise Collin de Plancy, qui, cependant, y a puisé de
nombreux documents pour son *Dictionnaire infernal*.

Lenglet-Dufresnay dit, en parlant de cet ouvrage,
« qu'il n'a pas laissé d'avoir quelque cours » ; on y
trouve une table ou index d'auteurs cités, utile à
consulter ; seulement ce.traité a fait à Taillepied, et
avec quelque raison, une réputation de crédulité trop
grande ; il faut tenir compte, toutefois, de l'époque
où il écrivait ; ensuite, que des esprits élevés, et des
hommes intelligents, tels que le jésuite Delrio et
l'avocat Bodin, en ont composé de semblables.

L'ouvrage est dédié à M. Claude Goulart, premier
président du Parlement de Rouen.

La meilleure analyse qu'on puisse faire du *Traité des Esprits*, est de reproduire l'*argument*, placé en tête de ce livre ; il résume en peu de mots les théories qui s'y trouvent développées, et qui révèlent le penchant superstitieux de l'auteur.

« Il y a des esprits et fantosmes qui apparaissent quelquefois aux hommes et arrivent aussi beaucoup de choses merveilleuses contre l'ordre de la nature. Ces esprits qui apparaissent sont Anges bons ou mauvais, et âmes des trépassés, ou bien avertissements secrets qui nous sont envoyés de Dieu ; et croyons que Dieu permet telles apparitions et que tant de présages adviennent parfois pour nostre salut ; par quoy, il est bon de savoir comment il se faut gouverner quand quelque chose de semblable se présente aux hommes, ce qui sera traicté en ce présent discours. »

Un quatrain de F. Nepos, de Rouen, qui ne manque jamais l'occasion de versifier quand elle se présente, s'adresse à l'auteur :

> Moyse, Samuel, et le prophète Elie
> Le grand prèstre Onias et le saint Jérémie
> Sont apparus cy bas en corps et en esprit :
> Qui doutera du faict, lise le tien escrit.

Evidemment, Taillepied croyait aux apparitions, et à l'intervention d'un pouvoir surnaturel dans certaines circonstances de la vie des hommes ; il cherche cependant à distinguer, entre les apparitions que nous pourrions appeler d'ordre supérieur ou divin, et celles qui ne sont que le résultat d'une hallucination de la vue, ou d'une excitation due à quelque cause physique ; il consacre à cette étude deux chapitres : « comment les mélancoliques et insensés s'impriment en la fantaisie beaucoup de visions, dont quelquefois

il n'est rien; et comment gens craintifs et peureux, ou
pris de vin, se persuadent de voir et ouyr beaucoup
de choses épouvantables. »

« Il advient aussi par voye naturelle qu'un baston
de bois estant dedans l'eau, semblera rompu encore
qu'il n'en soit rien, et de loing on pensera qu'une tour
quadrangulaire soit ronde. Quand un homme a trop
beu, et que les yeux commencent à larmoyer, et qu'ils
lui sortent de la tête comme à un lièvre qu'on aura
porté une lieue ou deux à l'arçon de sa selle, tout ce
qu'il void luy semble tout autre qu'il n'est en soy-
mesme. S'il n'y a qu'une chandelle sur la table, il luy
sera advis qu'il y en a deux; voulant empoigner un
verre ou un gobelet, il mettra la main après ! Pan-
theus dit en la tragédie d'Euripide intitulée *Les Bac-
chantes*, qu'il voyoit deux soleils, semblablement deux
villes de Thèbes, et ce d'autant qu'il avoit un mal de
teste !.... »

On reconnaît toujours notre Cordelier à ce style
sans apprêt, à ces comparaisons naïves, et on est sur-
pris de le voir citer tout à coup et avec justesse un auteur de l'antiquité, à propos d'un fait des plus simples :
preuve de sa grande mémoire et de son érudition.

❋

Ici se termine l'énumération des divers ouvrages
de Noël Taillepied; ils sont cités, autant que possible,
dans l'ordre de leur publication, dont la période totale
a été d'environ douze années; peut-être quelque ouvrage peu important a-t-il échappé à mes investiga-
tions; il a pu d'ailleurs écrire plusieurs petits traités
de matières théologiques, qui, publiés sans nom d'au-

teur, ou dénués d'importance, auront échappé aux recherches des bibliographes.

Une analyse critique et détaillée de tous les livres de Taillepied eût exigé des développements que ne pouvait prendre cette préface, destinée qu'elle était à faire connaitre et à présenter au lecteur l'auteur des *Antiquités de Pontoise;* aussi j'ai cherché, sans les multiplier, à donner de ses divers ouvrages assez d'extraits pour que l'on puisse apprécier sa manière d'écrire et de penser; c'est la meilleure méthode pour le faire connaître :

« *Le style, c'est l'homme!* »

_____

IV.

ᴌᴇѕ *Antiquités de Pontoise* et le *Traité des apparitions* semblent avoir été les dernières publications de N. Taillepied.

Le séjour qu'il fit à Rouen ne fut pas de très-longue durée ; il changea d'habit monastique, désirant mener une vie plus parfaite, et voulant sans doute se préparer à la mort par des pratiques plus sévères, car il touchait bientôt au terme de son existence ; il quitta l'Ordre des Cordeliers pour entrer, en 1588, à Angers, dans celui des Capucins. — Ces religieux, dans le début de leur installation, s'établirent provisoirement dans un ancien hôpital, appelé l'Aumônerie, et qui avait été établi « pour y retirer les enfants exposés » (Péan, p. 242); l'église des Capucins n'était pas encore achevée à leur arrivée.

Ce fut là que Taillepied fit sa profession ; ce fut là également que la mort vint le surprendre : il n'avait pas cinquante ans :

Voici ce que rapporte Hiret dans les *Antiquités de l'Anjou* :

« En l'an mil cinq cent octante-neuf, les habitants d'Angers commencèrent à bastir le monastère des Capucins, joignant l'ermitage de Reculée... »

« Frère Noël Taillepied mourut le treizième jour de novembre de l'an 1589. »

« Un peu auparavant, il avait faict profession de

l'Ordre des Capucins. Il a escrit plusieurs livres ; il fut enterré en la Chapelle du Saint-Esprit. »

Cette Chapelle, actuellement convertie en salle d'asile, était située, sous les murs de la ville, dans une rue appelée également rue du Saint-Esprit, sur la paroisse de la Trinité, d'Angers.

Tels sont les détails qu'il m'a été possible de recueillir sur la fin de Noël Taillepied ; si nous n'avons pas la date exacte de sa naissance, nous sommes fixés sur celle de sa mort, ainsi que sur le lieu de sa sépulture.

Il n'a été fait jusqu'à présent, que je sache, aucune étude *générale* sur la vie et sur les ouvrages de N. Taillepied ; dans cette notice, la première, je crois, faite à ce point de vue, j'ai cherché à réunir toutes les notes disséminées dans une quantité de volumes, et résumé des critiques sur tel ou tel ouvrage particulier de cet écrivain ; mais je n'ai pas la prétention cependant, d'avoir dit sur lui le dernier mot. Je désire même que de nouveaux chercheurs, plus heureux ou plus patients, mettent en lumière les points restés dans l'ombre à son sujet.

Toutefois, en dehors des emprunts faits dans les ouvrages qui citent Taillepied, il a été fait à cet égard des recherches, non-seulement à Pontoise, dans les Archives de la ville, mais à Versailles, où les documents concernant les Cordeliers n'ont rien révélé de nouveau ; à Rouen, à la Bibliothèque et même dans les Archives du Parlement de Normandie ; enfin à Angers, où s'éteignit le Cordelier Pontoisien ; partout ces recherches sont restées infructueuses.

Voyons maintenant en quelques mots quel a été le

jugement rendu par les écrivains qui ont parlé des
œuvres de Taillepied, et de l'appréciation de ses mérites au point de vue littéraire.

On rapporte que c'était un orateur d'une certaine
valeur; s'il joignait en effet à l'érudition qu'il avait
acquise, une grande facilité d'élocution, il a dû être,
à cette époque, un prédicateur de talent.

Il est considéré par les biographes comme un homme
savant et laborieux. M. l'abbé Cochet, dans une lettre
adressée à la *Revue archéologique de l'Anjou* dit en parlant de lui : « ce fut chargé de travaux et de renommée qu'il alla mourir à Angers » ; on ne saurait mieux
faire son éloge.

La biographie Michaud lui fait une réputation de
crédulité : nous avons dit plus haut pourquoi, et
plaidé en sa faveur les circonstances atténuantes.

« Le vrai mérite de cet écrivain, a dit l'abbé Trou,
dont nous croyons devoir donner l'opinion, c'est l'ha-
bileté avec laquelle il a su peindre les mœurs, et mettre
son lecteur à même d'apprécier l'esprit de son époque.
C'est l'homme de son siècle : quelle candeur ! quelle
bonhommie ! Il est impossible de suspecter, ni sa vertu
d'homme privé, ni sa véracité d'historien, quand on
a lu seulement deux pages de ses *Antiquités* sur notre
ville. Aussi est-ce avec la plus grande confiance que
nous livrons à ceux qui nous liront les données que
nous fournit cet auteur sur Pontoise *au XVIe siècle*. »

Tout en nous associant à l'éloge que nous venons
de relater, quant à la véracité *des descriptions* et à la
bonne foi de Taillepied, nous ferons pourtant des ré-
serves en ce qui concerne la fondation de Pontoise,
qu'il fait remonter à l'époque de Moïse et d'Aaron ;

c'est une origine un peu trop reculée pour que nous puissions en contrôler l'exactitude !

Ce qui est notoire, c'est que Taillepied a entretenu avec des hommes éminents de son époque, des relations qui honorent à la fois ceux-ci et le modeste frère Cordelier; il ne paraît avoir été personnellement mêlé à aucun des événements politiques de cette période si troublée, de cette fin du xvıᵉ siècle, ensanglantée par les guerres civiles et religieuses, et tristement célèbre par la St-Barthélemy, l'assassinat du duc de Guise et celui de Henri III, avec lequel s'éteignit la dynastie des Valois.

Ce dernier roi avait pris Pontoise sur le duc de Mayenne le 24 juillet 1589; il fut assassiné à St-Cloud par Jacques Clément le 1ᵉʳ août; Taillepied mourut le 13 novembre de cette même année, si fatale à Pontoise par les suites désastreuses du siège dont nous venons de parler.

Il avait donc traversé cette époque d'agitations et de discordes sans paraître avoir été troublé dans ses études et dans son humble condition de religieux Franciscain. Ses travaux littéraires, qui, on le comprend, sont faits plus particulièrement au point de vue ecclésiastique, dénotent une grande érudition pour cette époque, fruit de longues et laborieuses études. On a fait cette remarque, qu'en parlant de certains faits historiques éloignés, il a une netteté et une précision que n'ont pas beaucoup d'écrivains en parlant d'événements plus récents ou même de leur époque.

Au point de vue de l'histoire locale de Pontoise, nous le considérons plutôt comme un peintre fidèle que comme un véritable historien; cependant son

livre est à présent de toute importance pour nous;
c'est ainsi que, dans ses autres productions, les écrivains ultérieurs ont trouvé une mine précieuse où ils
ont puisé à pleines mains.

Il mourut avant l'âge, mais :

> Ce n'est point par la durée
> Que doit être mesurée
> La carrière des élus :
> La mort n'est prématurée
> Que pour qui meurt sans vertus.

Sans doute, il eût encore écrit si la mort n'était
pas venue le frapper ; ses yeux se sont fermés sans
qu'il ait pu voir la fin de ces luttes terribles dont nous
avons parlé ; peut-être, à ce moment, dans le silence
du cloître, et loin du théâtre de la guerre civile, tra-
vaillait-il à une œuvre dernière et allait-il recueillir
le fruit de ses études sur la religion, l'histoire et la
philosophie, dans un livre qui eût pu l'élever au
rang des hommes les plus remarquables du xvie
siècle ?

V.

Après avoir terminé cette esquisse des Ouvrages de Noël Taillepied, et dit ce que nous savons à son sujet, il nous semble nécessaire d'ajouter quelques détails complémentaires relatifs à cette réédition et aux documents qui l'accompagnent.

Taillepied, qui a fait des descriptions assez étendues des églises, des couvents et des édifices religieux si nombreux de son temps à Pontoise, et qui donne aussi des renseignements sur la vie civile et les usages de son époque, a été trop sobre de détails sur le côté militaire de la cité de Pontoise, côté qui a bien son intérêt; il ne dit aussi que quelques mots du château, demeure royale qui méritait pourtant l'honneur d'une description un peu moins sommaire.

Aussi, dans le but de compléter le tableau de Pontoise au moment où il écrivait ses *Antiquités*, nous avons ajouté à ce volume la reproduction de plusieurs pièces extraites des manuscrits de M. Pihan de la Forest; ce sont notamment :

La description des fortifications, extraite de l'Ordonnance de M. de Heuqueville, lieutenant du Roi.

La description du château en 1593, d'après un procès-verbal de restauration.

La description de la prison et de la Chambre du Conseil, d'après un semblable procès-verbal.

Ces trois notes, tirées de documents à peu près contemporains de Taillepied, peuvent servir d'annexe à
son travail, et suppléeront au peu de détails qu'il a
donnés sur cette partie de la ville.

L'édition de 1587, à part la marque de l'imprimeur
L'Oiselet, reproduite plus loin, ne contenait aucune
illustration. Nous avons ajouté à cette réimpression
deux vues et deux plans, non de fantaisie, comme on
a le tort, à notre sens, de le faire pour beaucoup de
publications historiques et populaires, mais tirés de
documents originaux et authentiques, et rappelant
un état de choses complétement modifié de nos
jours.

La vue qui se trouve en tête de ce volume est la reproduction par les procédés de gravure héliogra-
phique de M. Dujardin, du *Profil de la ville de Pontoise*, d'Israël Silvestre, graveur de Louis XIV. Cette
estampe aurait été exécutée vers le milieu du xvii[e]
siècle ; un exemplaire en avait été déposé aux archives
de France, et se trouve actuellement à la Bibliothèque
Nationale.

Elle est fort rare, et nous avons cru bien faire en la
reproduisant de préférence à celle de Chastillon, plus
ancienne et peut-être plus rare encore à la vérité,
mais déjà répandue et connue par la publication qui
en a été faite dans l'ouvrage de l'abbé Trou.

L'exemplaire sur lequel a été tirée la planche qui
orne ce volume, a été acheté le 3 décembre 1868, pour
la Bibliothèque de la ville, à la vente de M. le comte
d'U..., par M. Seré Depoin, alors maire de Pontoise.
Cette gravure fait, depuis ce temps, partie de nos archives municipales, et est actuellement, ainsi qu'une

autre vue de Moreau l'aîné, placée dans le cabinet de
M. le maire.

L'estampe n'a jamais été regravée ; on trouvera, en
regard de notre vue, une explication qui facilitera
beaucoup l'indication des monuments qui s'y trouvent
représentés, et qui aujourd'hui n'existent plus, en
grande partie.

La longueur de la gravure originale est de 57 centi-
mètres sur 26 cent. de hauteur ; il a donc fallu chercher à en faire une réduction aussi nette et aussi
exacte que possible.

Nous regrettons de n'avoir pu, à cause du format,
donner à cette reproduction un plus grand développement ; et peut-être faudra-t-il beaucoup d'attention
pour apprécier tous les détails renfermés dans cette
gravure ; on reconnaîtra cependant, par la dis-
position et l'exactitude de l'estampe de Silvestre,
qu'elle a pu passer pour une des plus fidèles vues de
Pontoise qui aient été faites; c'est à ce titre qu'elle est
aujourd'hui une annexe toute naturelle d'une réimpression des *Antiquités* de cette ville.

Une autre planche représente l'église de Saint-André, située autrefois au haut des degrés qui portent
encore ce nom, dans la rue Basse, et aujourd'hui entièrement détruite ; sa reproduction, à ce point de vue,
a paru digne d'intérêt, et M. Cl. Cousin nous en a fait
très-obligeamment un dessin au crayon, d'après une
ancienne eau-forte conservée au département des
Estampes, à la Bibliothèque Nationale.

Taillepied dit de cette église que de son temps, elle
passait pour *la plus ancienne de la ville ;* il parle aussi

des degrés et d'une chapelle souterraine qui se trouvait auprès.

Deux plans sont aussi annexés à ce livre.

Le premier est la reproduction d'un ancien parchemin existant dans les archives municipales, et représentant l'ancien pont, les abords de la rivière d'Oise, les fossés et fortifications de cette partie de la ville, etc.

Il est daté du 31 août 1589 ; Taillepied vivait encore quand on a levé ce plan, c'est-à-dire peu de temps après le siége de la ville par Henri III et la mort de ce roi.

M. de Marsy, secrétaire de la Société historique de Compiègne, en a fait autographier quelques exemplaires en 1864, et dans une note adressée au comité des travaux historiques, il expliquait que c'était l'œuvre d'un ingénieur italien, à la solde de Henri IV, comme il s'en trouvait du reste tant alors dans les armées françaises ; ces aventuriers ne sont presque jamais désignés par leur véritable nom de famille, mais sous des prénoms de Camille, Piétro, etc. Ceci nous donne la raison d'être de légendes, qui, sur l'original, sont en langue italienne.

On remarquera le pont fortifié, dont la tête, du côté de Saint-Ouen, repose sur une sorte d'îlot, ne communiquant avec la rive opposée que par un pont-levis ; la configuration du château Royal, qui concorde avec celle des gravures de Chastillon et de Silvestre ; enfin, l'Hôtel-Dieu, les fortifications de la porte du pont (d'où *Pôt-huis*), etc.

Le deuxième plan, moins ancien, est l'ancienne *Harengerie*, ou Marché aux Poissons, qui se tenait sur la petite place encore nommée aujourd'hui : Place de la Harengerie. Taillepied parle avec d'assez grands détails de ce marché, où l'on pénétrait par trois portes ; le plan en question a servi à la municipalité pour la perception des droits et loyers de places ; quoique d'une époque plus rapprochée de nous, il donne encore une idée assez exacte de ce qu'était ce marché, qui n'existe plus aujourd'hui.

Ces deux plans ont été copiés, avec beaucoup de soin, sur les originaux, par M. J. Lebas, architecte de la ville.

Enfin, par un hasard singulier, et sans qu'il y ait eu dans ce fait, l'ombre d'une préméditation, c'est un imprimeur du nom de *J. Parent,* qui, en 1576, publia le premier ouvrage connu de Taillepied et plusieurs autres ensuite; et c'est encore des presses de *M. A. Parent,* que, trois cents ans plus tard, sera sortie la première réimpression des *Antiquités de Pontoise.*

Tout en essayant de donner à notre réimpression une « *robbe* » convenable, et autant que nous avons pu en harmonie avec l'esprit du livre, nous avons eu en vue d'en voir les exemplaires entrer dans le plus grand nombre possible de bibliothèques, grandes ou petites; pour cela, nous avons cherché à les rendre, par leur valeur, accessibles *à tous ceux qui aiment les livres en général,* et les ouvrages sur Pontoise en particulier; on comprendra qu'aucune idée de spéculation n'est dès lors entrée dans cette publication.

Nous aurions aussi voulù pòuvoir placer en tête de ce volume le portrait de Noël Taille-pied. Nous retrouvons aujourd'hui dans les monuments des diverses époques, sur les tombeaux, dans les églises, dans nos musées, l'image de la plupart des nombreux personnages qui figurent dans l'histoire de Pontoise, ou qui ont illustré cette ville par leurs vertus et par leurs travaux.

Une curieuse gravure du livre de l'abbé Vilain représente Nicolas Flamel, « d'après la figure qui estoit à Sainte-Geneviève des Ardens. » Un autre portrait gravé, aujourd'hui recherché des collectionneurs, est celui du célèbre André Duval. Montcornet nous a laissé les traits du pieux Robert Guériteau. On peut voir à l'Hôtel de Ville un tableau représentant l'architecte J. Lemercier, auteur du pavillon du Louvre. Les monuments de l'ancienne chapelle du Collége nous rappellent André Blanchard et Noël Leblond; dans une époque plus rapprochée, le ciseau de Lemot nous a reproduit les traits du général Leclerc, le volontaire de 1791 ; en un mot, les éléments ne feront pas défaut pour *illustrer* une histoire de Pontoise.

Seul, le Religieux Cordelier manquera dans cette galerie ; seul, son portrait n'y figurera pas, car, malgré nos recherches, nous n'avons pu découvrir aucun souvenir des traits de notre premier historien.

Mais s'il n'a pas laissé son image, il a su du moins tracer, et en traits impérissables, celle de Pontoise aux xve et xvie siècles. Il a *photographié* à sa manière l'ensemble de cette cité ancienne qui faisait son seul orgueil, et tandis que la plupart des monuments de son époque, ceux qu'il admirait le plus, Notre-Dame, Saint-Mellon, et son propre couvent des Cordeliers, ont disparu à jamais, son livre est resté, son livre, que nous rééditons aujourd'hui, qui en a perpétué le souvenir, et la peinture fidèle qu'il a faite a pu échapper à la ruine, aux révolutions, et à l'action destructive du temps et des hommes.

Tout modeste que fut son travail, il aurait donc pu, lui aussi, dire en mourant : *Exegi monumentum !* Combien de villes, en effet, n'ont pu trouver dans leurs enfants un chantre de leurs gloires ou un historien de leurs malheurs !

Sans exagérer la valeur de ses ouvrages, et sans lui assigner parmi les écrivains de son époque une place plus élevée qu'il ne convient, sachons-lui gré pourtant d'avoir consacré à Pontoise ces pages curieuses et naïves que le lecteur va parcourir comme s'il s'agissait d'un volume paru d'hier ; remercions-le d'avoir « escrit ce petit livre » qui va, après bientôt trois siècles, « vestir sa deuxième robbe en nouvelle impression, » et recouvrer une jeunesse nouvelle par l'intérêt qu'il inspirera.

C'est par là que Noël Taillepied a certainement acquis, et pour toujours, un droit à la reconnaissance de tous ceux qui recherchent les traditions du passé, qui ont le goût des études historiques et l'amour de leur pays.

HENRI LE CHARPENTIER.

Pontoise, 20 Décembre 1875.

VI.

ous aurions aussi voulu pouvoir placer en tête de ce volume le portrait de Noël Taille-pied. Nous retrouvons aujourd'hui dans les monuments des diverses époques, sur les tombeaux, dans les églises, dans nos musées, l'image de la plupart des nombreux personnages qui figurent dans l'histoire de Pontoise, ou qui ont illustré cette ville par leurs vertus et par leurs travaux.

Une curieuse gravure du livre de l'abbé Vilain représente Nicolas Flamel, « d'après la figure qui estoit à Sainte-Geneviève des Ardens. » Un autre portrait gravé, aujourd'hui recherché des collectionneurs, est celui du célèbre André Duval. Montcornet nous a laissé les traits du pieux Robert Guériteau. On peut voir à l'Hôtel de Ville un tableau représentant l'architecte J. Lemercier, auteur du pavillon du Louvre. Les monuments de l'ancienne chapelle du Collége nous rappellent André Blanchard et Noël Leblond ; dans une époque plus rapprochée, le ciseau de Lemot nous a reproduit les traits du général Leclerc, le volontaire de 1791 ; en un mot, les éléments ne feront pas défaut pour *illustrer* une histoire de Pontoise.

Seul, le Religieux Cordelier manquera dans cette galerie ; seul, son portrait n'y figurera pas, car, malgré nos recherches, nous n'avons pu découvrir aucun souvenir des traits de notre premier historien.

Mais s'il n'a pas laissé son image, il a su du moins tracer, et en traits impérissables, celle de Pontoise

BIBLIOGRAPHIE.

Mss. de la Bibl. nat. — Mss. et Arch. de la ville de Pontoise. — Biographie Michaud. — Biogr. Hoefer. — Trou : *Recherches sur Pontoise.* — L'abbé Cochet. — Frère : *Bibliographe normand.* — Coston : *Origine des noms, etc.* — D'Hozier : *Armorial général.* — Vogt. — Rigoley de Juvigny. — Collin de Plancy : *Dict. infernal.* — Pasquier : *Biogr. normand.* — La Croix du Maine. II, 195. — Du Verdier, XV, 147. — Moréri. — Lelong. — Chandon. — Servin : *Essai sur la Normandie littéraire.* — Dubois : *Itinér. de la Normandie.* — L. de Duranville : *Mélanges sur la Normandie.* — Lenglet-Dufresnay. — *Bibl. hist. de France.* — Frick : *Commentar. de druidis occidental.* — Mém. de Trévoux, 1731. — Hiret : *Antiquités de l'Anjou.* — *Répertoire archéologique de l'Anjou.* ann. 1864-1865. — Brunet : *Manuel du libraire.* — Robert Denyauld : *Rothomagensis Cathedra, etc.* — Jean Deslyons : *Eclaircissements, etc.* — La Pommeraye : *Hist. des archev. de Rouen.* — *Topographie de la France*, est. de la Bibl. nat. — Annuaire de la noblesse, 7ᵉ année, 1850. — Nobiliaires de Normandie. — Mém. de la Société des antiq. de Normandie. — Cartulaire de Marmoutiers, Bibl. nat., 5441. *Anc. fonds latin.* — Ar. Guilbert. *Hist. des villes de France.*

RECVEIL DES

ANTIQVITEZ

ET SINGVLARITEZ

DE LA VILLE DE

PONTOISE :

VILLE ancienne du pays du Vequecin François.

PAR F. N. Taillepied, lecteur en théologie.

A ROVEN,

DE L'IMPRIMERIE DE GEORGE L'OISELET

M. D. LXXXVII.

EXTRAIT DU PRIVILÉGE.

PAR grace et privilége du Roy, donné à F. Noel Taillepied, religieux à Rouen : est deffendu a tous imprimeurs, libraires et autres de ce royaume, de non imprimer aucunes des œuvres dud. Taillepied, par luy composées et recueillies, et deffences sont faites expressement à tous imprimeurs et libraires, de non imprimer aucunes œuvres dud. Taillepied, sinon à ceux ausquels il donne charge ; comme plus a plain est contenu en l'original.

A HONORABLE

TRÈS-VERTVEVX ET DISCRÈTE PERSONNE

M. NICOLAS FOURNIER

MARCHAND-BOURGEOIS A PONTOISE.

S. D. F. N. T.

L A dispute et résolution qu'eurent les anciens Philosophes sur le devoir a quoy l'homme, jaçoit (1) que pelerin en ce monde, estoit plus obligé, nous a mis hors de doubte, quand par leurs sentences laconiques et briesves ont inféré, que l'amour du pays est à préférer à toutes autres amitiés : car, comme dit Cicéron en ses Offices (répétant la sentence du divin philosophe Platon à Architecte), nous ne sommes pas

(1) *Jaçoit,* quoique.

P   5

naiz seulement en ce monde pour nous, mais (1) *nostre bien, et ce qui est en nous doibt estre employé à nos parents et amis, et surtout à nostre pays, pour lequel ne devons espargner nostre propre vie, qui est la plus chère de nos offrandes, comme pour exemple l'ont monstré plusieurs vaillants personnages de renommée immortelle, lesquels esmeus du zèle de l'advancement de leur patrie, n'ont point craint de s'eslancer à la mort, eu esgard à l'amitié qu'ils scavoient devoir à leur pays natal. Ce premier consul romain Junius Brutus, pour rendre son pays en liberté, et hors la tyrannie qu'exerçoit de son temps l'orgueilleux Tarquin, print l'espée en main pour combatre en plein carefour, et devant tous, l'outrecuidé Aronta, fils aisné dudit Tarquin le Superbe, ou tous deux s'entretuèrent, l'un poltron et l'autre noble; l'un en honte et l'autre en gloire.*

Ainsi Théseus jaçoit que fils de Neptune, ne craignit se voüer au Minotaure pour affranchir son pays d'Athènes, du fardeau de servitude. Je laisse arrière le fait de plusieurs vaillants personnages, comme d'Épaminondas, Thémistocles, Codre, Scipion, Camille, les Deces; et entre les saints, David, les Machabées, et autres sans nombre qui n'ont rien omis qui peut servir à l'advancement de leur patrie. On cognoist même que plusieurs escrivains n'ont mis la main à la plume pour autre fin que pour se monstrer ne vouloir être ingrats envers

(1) Il y a dans le texte de Taillepied *ains* (*mais*). Littré regrette que cet ancien mot ne soit plus usité, les *mais* multipliés devenant quelquefois fastidieux.

leur pays, auquel par droit naturel ils se cognoissoient
estre de tout obligés. Combien ayent peiné et souffert de
chaleurs et froidures, les historiens romains en escrivant
leurs grands volumes de décades et centuries, ceux-là
seulement qui prennent plaisir à composer les livres le
peuvent tesmoigner et sans refraindre affermer qu'il n'y
a chose au monde qui corrompe plus la personne que
d'escrire en temps d'hyver et d'esté. Ce nonobstant se
trouvent tant de livres escrits et tant d'histoires ramas-
sées d'un et d'autre, que si l'amitié du pays ne sollicitoit
tels compositeurs, pas un d'eux. ou peu, prendroient si
grand travail qu'il est requis d'assembler en si grande
sueur, ce qui est nécessaire à tel effect. Et quand par
pauvreté ou par distance des lieux on n'a pas livres à
main, ou bien, qu'on ne trouve rien par escrit du subject
qu'on veut traicter, c'est encore la plus grande désolation
que l'auteur pourroit avoir, comme pour faire un traicté
des antiquités de nostre ville de Pontoise, de laquelle on
ne trouve rien par escrit aux historiens autentiques,
voire à grand peine le seul nom.

Toutefois le devoir que je doibs avec vous à ceste ville
et pays qui m'a nourri, enseigné, logé par si long temps,
et décoré par nos prédications, l'espace de sept à huit
ans, me rend debteur de le réciproquer, en si peu qu'il
m'est possible de faveur, et lui rendre l'un des petits
moyens que j'ai reçeus de lui; par le récit de ses antiquités
et excellences, que je lui ay dressé du bout de ma plume,
et en ay fait un petit livre que je présente et dédie à vos
révérences, comme à l'un de mes meilleurs amis, et qui

le mérite mieux, eu esgard à la race dont vous êtes issu. On cognoit assez que vostre feu père, le sire Guillaume Fournier (que Dieu absolve), fut de son temps gouverneur de villes du temps des troubles, durant lesquels mania tant bien les affaires, qu'il préserva le pays et la ville du pillage, et de l'hérésie qui y commençoit à couver et pulluler. Et pource qu'on cognoist mieux le faict que je ne le pourrois ici descrire, je feray fin, suppliant Dieu le Créateur, vous conserver et garder en bonne prospérité et santé, et vous aussi de prendre le petit livre d'un tel cœur qu'il vous est présenté par le moindre de vos Orateurs qui vous baise les mains. Ce premier jour d'Aoust 1587.

F.-N. Taillepied.

LES ANTIQUITÉS DE LA VILLE DE PONTOISE

Dedans Pontoise, amiable et beau lieu,
Le beau Surgeon de l'Eglise de Dieu,
Malgré Satan contre tous ennemis
Florir on void : (car elle a des amis),
Dieu tout premier. Et qui l'empeschera ?
Son TAILLEPIED, jamais ne cessera
De tailloder sa louange à son aise,
Recognois donc 'autheur, vive Pontoise!

F. P. **Nepos**, C. de Rouen.

LES
ANTIQVITÉZ
ET
SINGVLARITEZ
DE LA VILLE DE PONTOISE.

OUBS le rideau d'oubliance, la fondation des principales villes de ce royaume de France a esté cachée par nos devanciers avec leurs faicts remarquables qui, en cet age, serviroient de beaucoup pour dresser au niveau de vertu l'esprit de la jeunesse du temps présent, dont ne faut s'esmerveiller tant pour la longitude du temps qui nous a sevrés d'escripts que pour la sévérité des loix antiques du pays, qui ne permettoient qu'on enregistrast en tableau public les faits héroïques des vaillants personnages, afin (comme il est a présupposer) de sequestrer hors de leur royaume l'envie, vraie mère nourrice des séditions et guerres civiles, ou bien que les estranges nations grossières en leur façon de vivre, ne se moquassent de leur religieuse manière de vivre, s'ils en eussent couché quelques articles par escript. Mais comme la renommée des gens de bien sans leur sceu, s'espand bien souvent par le pays, ainsi ne faut doubter que la bonne police de nos anciens Gaulois tant bien dressée n'aye sorti les bornes du royaume, et parvenue jusques aux royaumes estrangers, mesme jusqu'en Chaldée, ainsi qu'il se peut prouver par les escrits qu'en ont fait Berose, chaldéen, avec son successeur Manethon, égyptien, desquels les registres, nous tesmoignent assurément, qu'entre autres rois de Gaule, fut un nommé Belgius, quatorzième roy, duquel une partie de la Gaule est dite Belgique ; et en ce pays fonda une ville à l'entour de laquelle le pays est de lui appelé Belgassin, qui est le pays ou est située et assise nostre bonne ville de Pontoise.

Or, pour faire ample description de cette ville, il est plus que raisonnable, de traicter premièrement du pays ou elle est située, à scavoir du Vequecin, ainsi appellé comme dit est, de Belgius, roi de Gaule, pour ce que en ce pays ledit prince fit son séjour et demeure ordinaire pour la plus part de sa vie, et a bon droit : car c'est la terre la plus grasse et plus fertile qui soit en la France quant à toutes sortes de commodités requises pour la nécessité des vivres.

La Beausse a ses bleds, le Parisis son plastre, Arles son muscat, Orléans son vin clairet, Normandie ses

fruicts, Picardie ses forêts, le Berry ses moutons, Le
Mans ses chapons, Melun ses anguilles, Caudebec son
esperlan, Corbeil ses pesches, Cailly son cresson, Di-
jon sa moustarde, Lyon ses marrons, Limoulx ses pei-
gnes, Tholose ses ciseaux, Moulins ses ganivets, Langres ses cousteaux, et ainsi de chasque pays qui a sa
commodité particulière : mais, en général, le pays du
Vequecin a chair et poisson, terre et eau, bleds et vignes, bois et prés, estangs et rivières, petites montagnes et doulces vallées, chaux et plastre, pierres et
bricques, villes et chasteaux, nobles et paysans, hommes en grand nombre et plusieurs espèces d'animaux :
bref (comme je doibs dire) il n'y a pays au monde plus
commode à l'entretenement de la vie humaine, tant
pour la sérénité de l'air que pour l'abondance des vivres qui y sont quand il court bon temps.

Ce pays s'estend depuis la petite rivière de Valmon-
dois en l'Isle Adam jusques à une autre petite rivière
qui passe par Fleury, nommée Andelle, à cinq lieues
de Rouen. Ce pays est appellé en latin *Pagus Belgas-
sinus* (comme est aussi le pays d'auprès de Troyes en
Champagne, dit Trecassinum), en françois, Vequecin,
par corruption de langage, pour dire Belgassin. Ra-
phael Volateran, en son antropologie, fait mention
des *Belocassins*, et ne s'esloigne pas beaucoup de ceste
opinion, sinon qu'il les situe un peu plus haut, vers le
Septentrion. Les rois de Gaule furent possesseurs du
pays jusques au temps de la monarchie des Romains,
qui y constituèrent des gouverneurs pour gouverner

les habitants, et y succédèrent par longues années.

Le sieur du Tillet, en son *Mémorial de France*, récite que les rois de France bailloient leur auriflamme à porter, au comte du Vequecin, qui avoit la seigneurie dudit pays. Depuis advint que Raoul, duc de Normandie, espousa la fille de France nommée Gille, à laquelle fut donné en mariage tout le duché de Normandie, en plein domaine, et la moitié du Vequecin : et ainsi fut le pays divisé en deux, a scavoir : en Vequecin normand, et françois ; et tout ainsi que Gisors est la principale ville du Vequecin normand, ainsi est Pontoise la capitale du Vequecin françois ; et par ainsi le pays du Vequecin françois demoura toujours soubs le domaine du roy, et ne fut jamais subject au duc de Normandie ; quoique veulent dire, quelques mal affectés, qui osent tenir que Pontoise est sous la duché de Normandie (1).

Laissant ce différend pour le présent, ce ne sera hors de propos, si, pour démonstrer plus à plein la beauté du pays, je récite les noms des princes et seigneurs qui font leur résidence ordinaire audit pays du Vequecin, et le lieu ou ils séjournent.

En premier lieu Mme la duchesse de Longueville avec ses enfants fait sa demeure au chasteau de Trie, lieu plaisant et délectable. M. de Dampville et de Meru fait sa demeure ordinaire au chasteau de Vigny ;

---

(1) Taillepied partage l'opinion de ses compatriotes, qui protestèrent toujours contre l'idée d'une annexion de leur pays au duché de Normandie.

M. le président Bariot, après ses travaux, se retire en
son chasteau de Moussy près Commeny (1). Le procureur général du roy au Parlement de Paris, visite
souvent ses domaines de Chars et du Bellay et autres
lieux du pays qui lui appartiennent ; le sieur de
. *Ville-Roy*, secrétaire du roy, fait sa demeure ordinaire
près la ville de Maigny, en son chasteau de Halincourt ; le sieur de Chantelou, à son chasteau et beaux
jardins près Bouconviller ; M. le cardinal de Pelvé,
faisant sa résidence à Rome, ne laisse pas d'entretenir son lieu de Liancourt, ou est le plus magnifique
jardin qui soit en la France, selon l'estime de ceux
qui l'ont veu ; le sieur de Bernieulles à son chasteau a
Sandricourt ; le sieur de Sandricourt à sa demeure en
son hostel d'Amblainville; Mme la duchesse d'Angou-
lesme, a cause de son douaire de la duché de Montmorency, a plusieurs seigneuries audit pays de Vequecin. Et pour le faire bref, n'y a gentilhomme au
pays qui n'aye chasteau et maison honneste, armes et
chevaux pour s'employer au service de Sa Majesté
quand ils y sont appelés, entre autres qui me viennent en mémoire sont les seigneurs de Guery, Monche-
vreux, Fresneaux, Mesnil - Théribus, Petit-Mesnil,
Haneucourt, d'Hus, Dampont, de Lesche sieur de
Vaux, de Mery, sieur de Pontoise en partie ; Boissi,
Bacheviller, Pouilly, Henonville, Berville, Vauden-
court, la Brosse, Fours, Helli sieur de Jouy en Telles,

(1) Le lecteur remarquera que les noms propres ont été écrits
dans tout le passage avec l'orthographe de l'imprimé.

Chalvanson, Grainville, Bonconviller, Vilerceaux,
de Brosses, de Pocé, du Saulcé, Cormeilles, Andrésy
sieur de Puyseux ; le capitaine Picquet sieur de He-
nouville ; le sieur de Flavacourt, Serifonteine, Ville-
tarde (1), Boubiers, Tibiviller (2), La Lande, Taille-
montier, Portieux, Vauxmain, Dretecourt, la Mote
d'Enencourt, Valière, Avernes, Eraigny, de Guitry,
Bertichère, Bantelu, la Chapelle, du Bout du Bois,
de Boysemont, l'Aillerie, Gadencourt, Chambots,
Conoilles, Gaigny, Montmors, Fay, Contenant, Bre-
vedent, Courcelles, Ablèges, Dampval, de Mouy sieur
de la Bosse, l'Abeville, Varicarville, Gotizengrez,
Saint-Cir, Boroger, Dampierre, Daleré, Hedouville,
La Loire, Tessancourt, de Cossart, Condecourt, La
Selle, Menucourt, Berval, Barbezy, Fourmainville,
Marivaulx, Groulé, Livillier, Buhy, Bercaigny, Ba-
lincourt, de Serents, Bouris, Montjavou, Rebets,
Osny, Villers, Gaigny, Harville, la Roche-Guyon, du
Breul, Villette, Tumberel, la Mare, de Moulins, la
Sablonnière, Goupilière, de Han, de Marigny, la
Groüe, le baron de Riart, et autres, en grand nombre,
seigneurs et gentilshommes de renom ; lesquels pour
la sérénité de l'air, font leur séjour audit pays de Ve-
quecin.

Je ne laisseray arrière les grands et remarquables
personnages, natifs du pays qui sont aujourd'hui au
degré ecclésiastique assez hautement eslevés, comme

(1) Villetertre (Oise). — (2) Tillé-Nivillers (Oise).

sont : l'illustrissime et reverendissime Cardinal de
Pelvë, Archevesque de Sens, et auparavant garde des
sceaux du roy en lieu de chancelier et evesque d'Amiens,
avec son frère defunct, evesque de *Appamiez*, tous deux
natifs de Jouy-en-Thelle. L'evesque de Nantes est
sorti de la maison de Bouris, comme est aussi l'abbé
de Mortemer son nepveu. Un autre sieur de Mortemer,
maistre Gaspard de Saint-Symon, prothonotaire est
sorti des comtes de Vermandois d'une part, et de la
maison de Montmorency d'autre part ; il mérite qu'on
aye souvenance de lui pour avoir composé plusieurs
traictés mis en lumière pour l'édification de l'Église ;
le sieur de Fonteines, abbé, est de la maison de Brosses ; l'abbé des religieux d'Arsons, est issu de la maison de Fosseuse ; l'abbé de Marcherouil est de la maison de Montchevreux ; l'evesque de Langres, nommé
M. Michel Boudet (que Dieu absolve) du village de
Monherlant au pays du Vequecin.

L'abbé de Saint-Victor-en-Caux est de la maison de
Hannencourt. M. Guillaume de Boissy a esté de son
temps recteur de l'Université de Paris. M. Riant, jadis procureur du roy en Parlement, estoit natif de ce
pays, comme sont aussi plusieurs conseillers qui ont
encore leurs biens et possessions sur le territoire du
Vequecin ; comme ont M. le Maistre, MM. les Enroulx
de Triel, M. des Lions, M. Brussel, le président de
Senlis, qui est de la maison de Boissy-sur-Chaul-
mont ; le sieur du Plessis-Marlin (qui a composé un
volume de la vérité de la religion chrestienne, de la

vie et de la mort, et autres), est sorti de la maison de
Buhy, qui est entre Saint-Cler et Maigny.

Sur ce terroir du Vequecin français, plusieurs monastères, d'ailleurs, ont leurs rentes et possessions,
qu'ils reçoivent d'an en an des fermiers qui ont leurs
censes et leurs seigneuries.

Les religieux de Saint-Victor-lès-Paris ont une seigneurie à Amblainville; au mesme lieu un petit enfant escolier de Paris est Prieur.

Les religieux Mathurins de Paris ont une belle seigneurie en la mesme paroisse au lieudit la Trinité.

Les religieux de Saint-Denis en France ont plusieurs domaines par le pays; comme ont aussi les religieux de Saint-Vincent-les-Senlis, ceux de Fescamp,
Jumièges, du Bec, chartreux de Gaillon, de l'Abbaye
du Val, religieuses de Poissy, de Chesles et autres;
sans les possessions des monastères assis audit pays
qui sont amples en suffisance. Sans les maisons de
religieux tant de la ville que des faulxbourgs en
nombre de cinq, à scavoir : Saint-Martin, les Cordeliers, les Mathurins, Maubuisson et l'Hostel-Dieu (1),
il y a trois maisons de Prémontrez, à scavoir : Arsons, Marcheroul et Gaillonnet; avec les priorés de
Saint-Blaise, de Boysemont et autres.

Les Celestins de Mantes sont du Vequecin; l'abbaye du Thrésor de Gamet-Fontaine; les priorés de

____

(1) Le premier manuscrit porte en note : *il y a capucins, jésuites,
carmélites et ursulines.* Cette note est d'une écriture bien posté-
rieure.

Vilerceaux, Saint-Laurens, Trie, d'Evesquemont, de
Gonsengrez, de Bouconvilliers, de Marquemont, de
Bouris, de Théméricourt, de Jusiers, de Saint-Pierre-
de-Chaulmont, de Marines, de Sainte-Mille-lez-Triel,
du Cornouïller, d'Avernes, de Gaigny, Montalet et de
Maigny.

Or pour faire fin au pays, et venir à la ville, de laquelle nous voulons descrire les singularitez sans
faire d'un *Bibet* un éléphant, mais seulement y pro-
cédant non comme les Andabates (1) en champ de bataille, mais par conjecture probable, quand l'œil et
l'escriture y faudront, nous disons en premier lieu,
que le fondateur d'icelle ville fut *Belgius*, quatorzième
roy de Gaule, qui y fait faire deux forts et beaux
chasteaux, l'an depuis la création du monde, deux
mil trois cent quatre-vingt-deux, du temps mesme
que Moyse et Aaron avaient charge sur le peuple d'Israël parmi les déserts d'Arabie.

On voit encore aujourd'hui à vue d'œil les ruines
de l'un des chasteaux, l'autre qui est encore en estre ;
ce chasteau ruiné s'appelle le chasteau Belger, et par
la succession des temps que le langage s'est corrompu
par la descente des Romains, Gots, Visigots et Ostro-
gots, on dit Verger pour dire Berger par changement
de lettres, comme il advient souvent qu'on se sert d'un
V pour un B et d'une R pour une L, et au contraire.
Ce chasteau ruiné est sur un rocher en un coin de

_____

(1) *Andabates*, gladiateurs qui combattaient à cheval avec un
bandeau sur les yeux.

montaigne, tout devant la place de Maubuisson, de
l'autre costé de la rivière ou il y a encore plusieurs
petites maisons au bas des ruines, sur le chemin par
ou on va de la ville au village d'Auvers.

Quand Jules César subjugua au domaine des Romains toute la Gaule Belgique, il assiégea ledit chasteau Belger, qu'il fist démolir estant entré dedans :
mais l'autre qu'on nommoit Mont-Belgien, et par corruption de langage Montbelien, ne fut point ruiné ni
les maisons d'alentour, mais demoura en son entier
comme on le void de présent.

Or devant le chasteau Belger ou Belgien, y avoit
sur la rivière un pont de bois pour faire passer l'eau
aisément à ceux de Picardie et autres du pays septen-
trional quand ils vouloient aller en la Gaule celtique.

L'apparence se voit par la considératior de la
chaussée haute et eslevée, pardessus laquelle on pas-
soit quand les eaux estoient grandes. Au-dessoubs du
chasteau Montbelien, Jules César fit transporter et
dresser ledit pont de bois, duquel on void les marques
au-dessous de l'abbaye de Saint-Martin, et estoit ce
pont pour passer depuis la vallée de Montmorency
jusqu'à la mer vers Rouen et Dieppe, tout le long de
la droite chaussée que l'on appelle la chaussée de
Jules César (1).

(1) Note du 2ᵉ mss. :
« En 1684, il y avait encore les restes de ce pont qui faisait
« comme une petite île au milieu de la rivière, vis-à-vis du che-
« min qui conduit de la rivière à l'église de Saint-Ouen. Pour
« la commodité des bateaux, Mgr Emmanuel Théodore de la

Une partie de la ville estoit le long de ceste chaussée depuis la rivière jusqu'au-dessus de l'abbaye de
Saint-Martin; laquelle longue rue (par les maladies
contagieuses vuidée d'habitants) fut achetée par un
abbé dudit monastère de Saint-Martin; ainsi qu'il se
trouve par escript aux arches dudit lieu.

Pour lors n'y avoit point d'autre église parochiale
deleguée aux paroissiens de ladite rue, que l'église
des religieux et leur cimetière.

L'autre partie de la ville que l'on appelloit le
Bourg, dont on dit encore la Croix du bourg, estoit
située aux environs du chasteau Montbélien, tant
pour *la commodité* des eaux qui passent par auprès (1), que pour se pouvoir, le temps passé, retirer
dedans la forteresse dudit chasteau en temps de
guerre : car c'est un lieu éminent, haut et eslevé sur
un rocher, garni de tournelles et bastions, belles
salles, eau de puys à commodité, fortes et hautes
murailles serrées de portes à longs poteaux (2).

Quant à la situation de la ville, selon qu'elle est
en ce temps, ceux qui ont depuis contemplé la Sainte
Cité et ville de Hiérusalem où JÉSUS-CHRIST fit la ré-
demption de tout le monde, disent qu'ils ne trouvent

« Tour d'Auvergne, cardinal de Bouillon, grand aumônier de
« France, abbé de Saint-Martin, a fait retirer du fond de la ri-
« vière quantité de grands et gros pieux de bois des piles dudit
« pont, au fondement desquelles on a trouvé beaucoup de pièces
« de monnaie de cuivre à l'effigie de J. César ; le bois était encore
« fort dur, mais noir comme du charbon. »

(1) La Viosne.
(2) Voir à l'appendice la description du Château Royal.

au monde ville quelconque qui revienne mieux que
ceste ville de Pontoise. Il est croyable que saint Loys,
roy de France, à cause de cette semblable assiette, ai-
moit à séjourner à Pontoise, faisant son assiduelle
résidence au chasteau, ou il fit faire une belle chapelle en l'honneur de Dieu et mémoire de saint
Waast (1), et la renta de quelques revenus annuels
qu'il laissa au chapelain.

Depuis ce temps-là Philippe le Bel, roy de France,
l'an mil deux cens octante et six, fit faire dans l'enclos dudit chasteau, une fort belle et assez grande
église en mémoire de saint Mellon, second archevesque
de Rouen, et supplia les bourgeois de prendre ledit
saint Mellon pour le patron de la ville, et de solemni-
ser la fête dudit saint comme jour solennel. Il mit en
ladite église dix chanoines séculiers et dix chapelains
avec autres officiers qu'il renta abondamment de ses
biens, et leur donna une partie du domaine de Pontoise et de la Villeneusve-le-Roi (qui est un village
assis entre Beauvais et Pontoise), avec plusieurs autres rentes et censives. Ainsi avoient accoustumé les
roys de France depuis leur conversion au Christia-
nisme de fonder des chanoineries et monastères pour
l'amplification du service de Dieu; et plust à Dieu
que l'intention des bienfaiteurs ne fust point frus-

(1) Note du 2º mss. :
« Cette chapelle a été entièrement démolie par les ordres de
« M. de La Tour d'Auvergne, cardinal de Bouillon, abbé de
« Saint-Martin, seigneur engagiste de la ville et du domaine de
« Pontoise, vers l'année 1o94. »

trée, ainsi qu'on apperçoit estre du temps présent,
que les successeurs parens, soubs prétexte de droit
patronnat, rentrent par force ou faveur au patrimoine
de l'église ; ou bien, est succé par les harpies, le bien
des serviteurs de Dieu, parce que le service de Dieu
est négligé, comme on apperçoit en plusieurs lieux
qu'un chat-huant, vray hibou, entrera seulement
deux fois l'an au temple, pour humer l'huile de la
lampe, et non par dévotion.

Quant à l'édifice matériel de l'église Saint-Mellcn,
elle est bastie de pierre de taille à deux esles de sa
largeur, avec le chœur qui est au milieu orné de
belles chaires hautes et basses ; le vestiaire du costé
senestre, et le cloché de l'autre costé où il y a quatre
cloches moyennes très-mélodieuses au son du caril-
lon. Au-dessus du grand autel est eslevé un estably
sur lequel reposent les fiertes (1) et chasses des sain-

(1) Dans l'imprimé de L'Oiselet le mot est écrit *Fiertres*.

On lit dans l'Encyclopédie, t. VI, p. 719 : Fierte, du latin
feretrum, qui signifie cercueil, châsse.

Ce mot n'est plus en usage qu'en Normandie pour exprimer la
châsse de saint Romain, archevêque de Rouen. Le chapitre de
la cathédrale, qui possède cette châsse, jouit en conséquence du
privilége de délivrer et d'absoudre un criminel et ses complices,
à la fête de l'Ascension, en le faisant passer sous la fierte, pourvu
que ce ne soit pas un crime de lèse-majesté, hérésie, fausse
monnaie, viol, assassinat de guet-apens ; ces crimes ne sont pas
fiertables, selon le langage du pays.

Suivant la déclaration d'Henri IV, du 25 janvier 1597, registrée
au parlement de Rouen le 23 janvier 1598, le chapitre nomme au
roi celui qu'il désire faire jouir du privilége de la fierte, et l'accusé
est obligé d'obtenir des lettres d'abolition, scellées du grand
sceau, n'y ayant que le prince qui puisse faire gracier un criminel.

tes reliques, de saint Mellon, de saint Clair, saint Landon et d'autres en grand nombre.

En la court du chasteau sont situées, et de pierre de taille édifiées, les maison et chapitre des chanoines et vicaires de ladite chanoinerie ; et commandent lesdits chanoines à toute la ville touchant le fait de l'office divin, et l'administration du dernier sacrement qu'eux-mêmes vont dans les maisons des agonisants administrer en propre personne quand ils y sont mandés. Ce sont eux aussi qui ont charge de donner le cresme et le saint huyle aux curés tant de la ville que des cinq villages proches de la ville, et sont mesme des bénéfices desdites paroisses collateurs pacifiques ; et comme leur demeure est située en tirant vers le chasteau royal (1) ; aussi (en signe de préséance et comme seigneurs) ils vont les derniers aux processions solennelles qu'on fait parmi la ville ; les vicaires font l'office divin en ladite église selon l'usage de Paris et chantent les heures canoniales et les heures de Nostre-Dame, avec la grand messe qui se dit journellement à neuf heures y assistans quelques-uns des chanoines. Et quand vient le dimenche *jubilate*, après Pasques, tous s'y trouvent pour recevoir leur gros (qu'ils appellent) sans la distribution des mareaux, qui se fait envers ceux qui ont résidé et fait le devoir d'assister au service comme ils sont obligés. Entre les officiers de l'église il y a un doyen,

(1) Ce passage est incompréhensible dans l'imprimé, où il y a mot à mot : « ils vont tirant vers le chasteau royal, est située aussi, etc. »

qui prend sur le revenu double portion, un diacre, un sous-diacre, un chevecier, quatre enfants de chœur vestus d'incarnat avec les petites aulbes, et leur maistre.

En la descente du chasteau vers la Roche, il y a un autre chasteau fort antique, qu'on appelle l'hostel d'Orgemont, qui est le lieu seigneurial des sieurs d'Orgemont, duquel dépendent plusieurs fiefs nobles, dont les seigneurs féodals viennent audit lieu, faire hommage de leur domaine au sieur de Méry, auquel appartient ledit hostel, par la succession de ses prédécesseurs, la mémoire desquels sera perpétuelle pour avoir esté des premiers de la France, quant pour le maniement des affaires du royaume : tant pour le fait ecclésiastique que pour le politique, ainsi qu'il se peut voir aux annales et croniques de France.

Sur l'entrée de la porte sont eslevées en bosse sur une pierre de taille les armoiries et escussons desdits sieurs d'Orgemont ; et portent pour escusson trois espics d'orge d'or en champ d'azur (1).

Tout auprès dudit hostel d'Orgemont, la belle et ample église de la paroisse Saint-Pierre, où dedans

(1) Note du premier manuscrit :
« L'on voit à présent les trois crapaux qui étoient les anciennes « armes de France. »
L'illustre et ancienne famille d'Orgemont s'allia pendant deux siècles aux Montmorency.
Les membres les plus remarquables de cette famille sont :
En 1340, Jean d'Orgemont, qui épousa Péronnelle de Poissy, qui portait de gueules à un lion d'or. Il était seigneur de Chantilly, premier président du Parlement de Paris, chancelier de Dauphiné, chancelier de France, élu par scrutin, le roi présent, le

le chœur sont les chaires tant des chapelains que des moynes, car, tout contre l'église est la maison du prioré fondée de six religieux du Bec-Hélouyn, lesquels on a veu faire l'office divin n'y a pas longtemps, et encore ont leurs dortoirs, chambres, cloistre, grenier, caves, granges, estables, puits, court et jardin, et autres petites commodités pour leur servir quand ils reviendront; et combien que ce prioré soit entre les mains de prothonotaires, si est-il qu'on fait encore mémoire du prieur aux quatre grandes festes solennelles de l'année, parce que c'est au prieur de commencer l'office et célébrer la grande messe en tels jours; mais aux autres jours les chapelains, prestres séculiers chantent dévotement et en bonne mortification les heures canoniales, comme si c'estoient chanoines, et sont payés des offrandes que les gens de bien font de jour en jour à ladite église. Quant aux officiers de cette église, il y a : le lieutenant ou commis du prieur qui fait pour lui, parce qu'il n'est pas prestre, le curé, les huit chapelains, le diacre, le soubs-diacre, deux clercs, le secretain, les enfants de chœur vestus de robes rouges, leur maistre, l'organiste, les sonneurs et le fossoyeur.

Ceste église est d'assez longue et large estendue en

20 novembre 1370, exécuteur du testament de Charles V. Il mourut en 1389.

Pierre d'Orgemont, évêque de Paris et de Thérouanne, mort en 1409 et enterré à Notre-Dame de Paris.

Le connétable de Montmorency était fils d'une demoiselle d'Orgemont.

deux esles, une belle tour de pierre façonnée en forme pyramidale assise sur le bout du chœur, où il y a six cloches belles et bonnes et bien résonnantes. Les orgues qui sont un huit pieds, ont pour leur fourniture : la monstre d'estain doré, la grosse et la petite flute, la grosse et petite cimbale, le gros et petit nazard, le jeu d'anches, avec pédales à unisson de la cloche, le jeu de Larigot et flute de Canarie, le tabourin, le rossignol avec le tremblant, et autres jeux qui y ont été mis par un facteur d'orgues de Gisors, maistre Nicolas Barbier, homme très-ingénieux en son art. Or entr'autre service qui se fait dans ladite église de Saint-Pierre, tous les jeudis de l'an on dit vespres du Saint-Sacrement, et le lendemain matin la messe et la procession solennelle ou assistent les confrères et autres par dévotion afin de gaigner les indulgences données par les souverains *évesques* de Rome à ceux qui assistent au service ou se mettent de la confrérie.

Quand vient le dimanche des Rameaux, les églises de la ville s'assemblent, en manière de procession dedans ladite église Saint-Pierre, afin de prendre des rameaux de la main du prieur ou de son vicaire, et pour ouïr la prédication qui se fait le matin dans le cimetière proche de ladite église, lequel fini, chacun s'en retourne en sa paroisse pour assister à la grand messe.

Soubs la voûte du chœur de cette paroisse de Saint-Pierre, il y a une arcade par dessous, ou on passe pour aller au chasteau, car c'est la rue commune. Et

en ce même lieu il y a une petite chapelle dédiée en
mémoire de saint Jean-Baptiste, dans laquelle on dit
assez souvent la messe par dévotion. Au cimetière
d'icelle église qui se divise en deux, a raison que la
rue est au milieu, il y a des croix érigées en pyramide
et faites de pierre et d'erain avec plusieurs épitaphes ;
ce cimetière est une place haute eslevée, par dessus les
petits murs de laquelle qui ne servent que d'appuy
sur le Roché, on a la vue des champs et sur la rivière
d'Oyse, plus loing que six lieues depuis l'horizon
du soleil de quatre heures jusqu'à trois heures après
midy.

Pour la commodité des paroissiens environ l'an
mil cinq cent soixante-sept, fut fait un gros horloge
de ferrure massive, sans appeaux (1) avec un beau
cadran effigié de ses points de telle grosseur, qu'on y
peut veoir de dessus le pont, et sert aussi pour les
passants.

Auprès du marché de la ville, il y a encore une
grande église qu'on appelle Saint-Maclou. Et fut édifiée de grosse estoffe environ l'an six cents après la
nativité de nostre Seigneur. Avant ce temps ce lieu
n'estoit qu'une petite chapelle de Saint-Eustache fort
ancienne (2). Cette église selon la place où elle est

(1) *Appeau* (appel), petit timbre qui sonnait les quarts et les
demi-heures.
(2) Il est évident que cette date (600) est une erreur, puisqu'à
cette époque la ville occupait encore son ancien emplacement.
D'ailleurs dans une charte de 1544. Georges d'Amboise dit, en
parlant de ce monument, qu'il existait depuis 300 ans et plus.

assise est belle et grande, avec les esles remplies de
chapelles tout à l'entour du chœur et de la nef. Il y a
pour ornements deux hautes tours, l'une sur le chœur
où il n'y a point de cloches pour le présent et
l'autre au bout de la nef où sont huit cloches grosses
et petites et bien résonnantes ; les orgues qui sont
sur un doxal auprès de la porte d'en bas, est l'un des
beaux vaisseaux de la France ou que soit l'autre, voir
de la Sainte Chapelle du palais de Paris qui reviennent
à treize mille francs de valeur, tant pour la pluralité
des jeux qui y sont contenus que pour la grosseur des
tuyaux mis en pédale depuis peu de temps à l'instance de Me Mathieu Hazard, premier organiste de
France et grand musicien, ainsi qu'il appert par le
prix qu'il a remporté du Puy (1) de sainte Cécille à
Rouen, pour la composition du motet.

Or en un bout de l'Eglise vers septentrion du costé
du petit cimetièrre, il y a une très-belle chapelle du
Saint-Sépulchre de nostre Seigneur où sont comprins
deux mystères, au premier desquels est la représentation de la descente de la croix, et au deuxième est
effigiée la sépulture en beaux et grands pourtraicts
d'images tirées au vif. Les colonnes des autels de ladite chapelle sont faites d'airain figuré, comme aussi
celles du grand autel, et l'ange devant lequel on

(1) *Puy*, nom d'une fête poétique qui se célébrait dans quelques villes de France, notamment à Rouen en l'honneur de la
Vierge, et où l'on décernait des récompenses aux meilleurs compositeurs.

chante l'épistre. Pareillement il y a des chaires en
cette église paroissiale comme en toutes les autres de
la ville pour servir à ceux qui chantent l'office divin
journellement, car pour faire le service il y a dix chapelains, sans nombrer les habitués qui chantent les
heures canoniales, et autres messes de fondation. Ils
sont salariés des rentes de l'église par ceux qui ont
charge de leur distribuer, car pour cest effet il y a
deux trésoriers esleus de trois en trois ans jour de
saint Michel, et un receveur qui mène les affaires politiques de l'église. Comme j'ai su de mon temps lorsque Maistre Nicolle Honoré, advocat, Augustin Cottin
et Nicolas Souvoye, bourgeois, avoient le maniement
des affaires de ladite église. Pardessus les dix chapelains il y a deux curés (1) qui font leur sepmaine l'un
après l'autre, comme pour le temps présent sont,
M. Jean Robequin et M. Jacques d'Escouis, tous deux
gradués, ainsi que les ordonnances portent que nuls
soient admis aux bénéfices des villes murées qu'ils ne
soient gradués et maistres ès arts pour le moins ; et
pour autant que la paroisse est grande , et qu'à
grande peine peuvent suffire ces deux curés, ils ont
un vicaire sous eux pour administrer les sacrements
et visiter les malades proches de la mort; il y a semblablement deux clercs dont l'un est secretain et l'autre sert pour ce qui est nécessaire au service de Dieu.
Avec le bedeau de l'église il y a un sonneur qui a
charge des cloches, un fossoyeur pour inhumer les

(1) Cette particularité de *deux curés* subsista jusqu'en 1743.

trespassés, un organiste et un souffleur, et parce que,
en cette église y a un grand exercice de musique
(comme aux autres églises de la ville, et spécialement
en Nostre-Dame et à Saint-Pierre où il y a chapelles
de musique), aux despens de ladite église est entretenu un maistre des enfants de chœur, qui tient en sa
charge six desdits petits enfants pour les dresser au
chant quand il en est temps.

Les chanoines de Saint Mellon viennent deux fois
l'an a ceste église pour chanter les vespres et la
grand-messe les jours des fêtes de la dédicace et de
saint Maclou ; c'est parce qu'ils sont seigneurs de la
ville et collateurs des cures de ladite paroisse. Quand
vient la *feste de Noël* ils sont obligés fournir de feurre(1)
et paille les paroisses desquels ils prennent les chan-
delles offertes le jour de la Chandeleur. Car la coustume est qu'audit jour de la Purification Nostre-
Dame, le peuple assiste à la bénédiction des chan-
delles, a la procession, et a la messe, tant hommes
que femmes, petits et grands, chacun tient un cierge
ou chandelle en sa main pour faire honneur a Dieu
et a la vierge Marie.

Au dessoubs du chasteau de la ville, il y a une ancienne église parochiale en mémoire de saint André,
qu'on dit estre la plus ancienne de la ville (2), et

(1) *Feurre*, paille, se prononçait fouare. Littré attribue à ce mot
l'origine du nom de la rue du Fouare à Paris, parce qu'on y ven-
dait de la paille.

(2) Voir la reproduction de cette église d'après une ancienne
estampe.

s'appelle le curé dudit lieu, archiprestre, et est seigneur de quelque domaine temporel qui lui a été
donné anciennement, ainsi qu'en pourroit tesmoigner
M. Pierre Paillier chantre basse contre, et curé résident audit lieu. En ceste église, il y a des orgues,
comme aux autres lieux, et des plus anciennes de la
ville. Il y a pareillement des chapelains, clercs, sonneurs, fossoyeurs et autres officiers communs.

Dessoubs ladite église, vers la rue, où il faut descen-
dre environ seize degrés, il y a une chapelle souterraine où on célèbre quelquefois la messe par dévotion.

Auprès d'icelle église au dessoubs du Rocher sur lequel est assis le chasteau comme il a été dit dessus est
l'hospital des malades fondé par M. Saint-Loys, roy
de France, qui y mit six religieux, chanoines régu-
liers, pour chanter l'office divin et administrer les sacrements aux malades, et y mit semblablement quinze
ou seize religieuses dudit ordre pour nourrir les malades.

Quant aux chanoines, n'y en a plus, mais seulement
en leur lieu résident six chapelains prestres séculiers
et le clerc, nourris et entretenus des revenus de l'hospital assez richement fondé ; les religieuses subjetes
à une Prieure sont encore aujourd'huy en nombre
assez compétent a scavoir quinze ou seize (1), et avec
la dévotion qu'elles ont envers Dieu servent fidèle-

(1) Note du manuscrit de 1708.
« Maintenant elles sont au moins trente du chœur, sans les
« sœurs laïques et ledit hospice est grandement amplifié en toutes
« choses. »

ment et diligement nuict et jour aux malades de ce qu'il leur est nécessaire selon Dieu et raison.

S'il advient même que par punition, et permission divine, qu'en la ville ou aux champs y ait quelque maison pestiférée ; lesdites religieuses par l'obédience de leur prieure, ne craignent de se mettre ès dangers du mauvais air, soit en ensepvelissant les corps des trespassés ou en purifiant telles maisons ; chose (a la vérité) qui leur a donné grande louange et acquis grand honneur devant Dieu et le monde, ces dernières années que la pestilence estoit en la ville et aux villages circonvoisins ; lors dis-je, que sœur Marguerite Ricard religieuse de léans (1) faisoit le devoir pour la troisième fois de traiter les pestiférés et les rendre purifiés du mauvais air. Messieurs de la ville en ce faict se montrèrent assez diligens pourvoyant auxdits malades de la contagion d'un confesseur, médecin spirituel et aussi d'un chirurgien expert pour les rendre sains de corps et bien dispos.

Si quelqu'un mouroit en sa maison de ceste maladie, les religieuses alloient ensepvelir le corps : s'il y avoit un malade, on le portoit à l'Hostel-Dieu et les pestiférés se retiroient en un lieu assigné pour eux (2).

Pour l'augmentation du service divin fait en l'église

(1) *Léans*, la dedans, opposé à céans, ici dedans.

(2) M. de 1708.

« Maintenant il y a un lieu de santé hors la ville qu'on appelle » le clos de Montjavons où les malades sont entretenus tous bien , » il y a puit, fontaine et autres commodités pour les malades. »

dudit hospital, feue de bonne mémoire madame de Palaiseau avec sa niepce madame d'Andresy, en leur vivant firent faire les petites orgues qui sont au costé dextre de l'église sur un doxal non tant esloigné du chœur qu'on ne les puisse bien ouyr des chaires où chantent les chapelains. Les vieilles orgues de grande apparence qui étoient à l'entrée de l'église, pour leur antiquité ne servent plus que de monstre (1).

Le bastiment de cette église est divisé en deux voultes par dedans, mais par dehors, il n'y a qu'un toict qui couvre, le chœur, la nef et le lieu ou sont les malades : et est une grande merveille, comment dès si longtemps peuvent les petites colonnes et menus piliers porter si grand faiz et pesanteur comme ils font.

Sur la rivière à costé de l'église, y a un autre lieu delegué à part pour les pestiférés, de peur que les autres malades ne soient intéressés de la contagion, le cimetière dudit Hostel Dieu est hors le pont en l'un des coings duquel vers midy estoit bastie une fort belle chapelle, laquelle fut ruinée par l'inondation et deluge des eaux qui y survint environ l'an quinze cent soixante et huit ou plus. Pour la demeure des chapelains dudit Hostel Dieu il y a un lieu sur la rivière hors l'église, et les religieuses ont à part leur dortoir, cloistre, refectoir, cuisine, bucher, grenier, caves et

(1) M. de 1708.
« Il y en a maintenant de toutes neuves à l'instance de ma-
» dame la prieure, Madame Dampont. »

celiers, pressoir à vin, fontaines, avec les belles salles, chambres et cours de la Prieure situés tout le long de la rivière d'Oyse.

En la tour de l'église faite en pyramide, il y a trois cloches dont l'une sert pour l'horloge ; entre la nef de ceste église et la salle des malades est l'oratoire ou les religieuses prient Dieu quand on célèbre la messe, et en ce mesme lieu est dressé un autel où on dit la messe quand elles veulent recevoir le Corps de Notre Seigneur et au même lieu on les enterre après la mort.

Dedans la ville du costé du levant est assis nostre couvent des Cordeliers, en lieu assez éminent et en bon air, car du jardin qui est haut eslevé on void en temps serain, toute la vallée de Montmorency et la plaine de Pierrelaye jusqu'à la montagne d'Argenteuil, sans l'obstacle de laquelle facilement dudit lieu on pourroit voir la ville de Paris.

Le lieu ou est de présent assis ledit couvent n'estoit au commencement qu'une petite chapelle de Saint-Jacques, qui dépendoit de la seigneurie des religieux de Saint-Martin des Champs les Paris, et audit lieu se retirèrent les Cordeliers du temps de la guerre des Anglois, lorsque leur couvent situé hors la ville fut rasé et desmoli, pour obvier aux inconvénients de la guerre (1). Le sieur Gaize de Bouconvilliers estoit pour

(1) Il existait aux archives des Cordeliers, les originaux sur parchemin de lettres de Chaïles Dauphin de France, du mois de février 1358, qui confirment tout ce qui précède.

le temps capitaine et gouverneur de la ville et du Vequecin, et commenda aux dits religieux Cordeliers de se retirer de leur lieu des faulx-bourgs, et leur assigna le lieu où ils sont de présent.

Quant au couvent de dehors la ville, il estoit de la fondation de la royne Blanche, mère du roy Saint Loys, ainsi qu'il appert par nos chartes et enseignements ; celui présent a été fait et construit d'une partie des démolitions de l'autre avec la diligence des religieux, qui ont sollicité, pour par aumosne faire édifier l'église et le couvent tels qu'ils sont aujourd'hui.

En l'un des bouts dudit lieu estoit l'hostel d'Alençon, à l'autre bout la maison du sieur de Villette, le sieur d'Auvergne a donné de nostre temps, l'amortissement de la rente qu'il avoit sur le jardin, quelques autres bourgeois ont donné si peu qu'ils avoient auprès du couvent pour amplifier le lieu tel qu'il est, les chaires, la table du grand autel, le sépulchre et la chapelle de Sainte-Barbe, furent édifiés à la sollicitation d'un docteur de céans, nommé frère Jean Bourdin, natif de Cormeilles en Parisis, lequel après son trespas fut inhumé en ladite chapelle avec une épitaphe sur sa tombe.

Les piliers d'érain et le chandelier à trois rames sur lequel on chante l'épistre au milieu du chœur, ont été donnés de nostre temps ; au-dessus dudit chandelier vers l'autel, est inhumé le cœur de révérendissime George d'Amboise, cardinal et archevesque de Rouen, ainsi qu'il est escrit en une lame d'airain élevée trois

Église Saint-André

D'après une ancienne eau forte de la Bibliothèque
nationale

DESSIN DE M. C. COUSIN.

Pontoise. — Imp. lith. A. Pâris.   Papier autog. Villemot

pieds hors de terre avec la figure d'un ange qui tient un cœur.

Les orgues ont esté refaites de nouveau, et posées de l'autre costé de l'Eglise, pour l'accroissement que nous y avons fait faire du costé du jardin, et sont lesdites orgues de la donnaison du seigneur de Grainville admiral de France, duquel les armoiries y sont attachées, ou de quelqu'autre de la maison (1).

Devant la réformation dudit couvent, y avoit plusieurs rentes et possessions que tenoient les magistres conventuels; lesquels furent chassés de leur lieu par le légat de France George d'Amboise, archevesque de Rouen, le propre jour de sainte Agathe, l'an mil cinq cent et un, avant Pasques, et en leur lieu mit des frères de l'observance qui y sont encore de present et ont entretenu le lieu tel qu'il est, et se sont accomodés un peu mieux qu'ils n'estoient auparavant, car avec les trois dortoirs garnis de chambres et grabats, ils ont fait faire une belle librairie a deux rangs de pulpitres chargés de livres enchaînés assez competament pour la commodité des religieux.

Ceux qui veulent estudier en quelconque science

(1) M. de 1708. .

« Elles y ont été, mais Louis Lemercier, normand de nation et « castillan d'humeur, les a fait ruiner environ l'an 1637, comme « ennemy d'harmonie et de l'honneur de Dieu, aussi il est banni « et exilé comme il mérite. »

M. de Grainville vivait en 1493 et était favori et conseil de Charles VIII.

que ce soit, ont de quoy contenter leurs esprits en si grands amas de livres.

Pour la consolation des grammairiens on y trouve plusieurs dictionnaires, hébreux, grecs, latins et françois, avec Priscian, Ciceron, Vives, Politian, Textor, Celius, Cardan, Volateran, Josephe, Tite-Live, Sabelic, Eusèbe, Nicephore, Orose, Suétone, Plutarque et autres.

Pour employer l'esprit en la philosophie, les œuvres de Platon et Aristote en grec et latin; commentaires de Ficinus et Faber.

Les mathématiques de Sconerus, Cyprian, de Monte Regio, Ptolémée et Stadius, Galenus, Hippocrates, Ganerius, Stephanus, Rhasis, Celsus, Pline. etc.

Pour les estudiants en théologie scolastique, il y a quatre ou cinq pulpitres remplis d'auteurs avec les dictionnaires de mesme matière.

Pour ceux qui voudroient estudier au droit canon, ou au droit civil, tout le corps du droit civil y a été mis, de la nouvelle impression en quatre et cinq volumes, sans une infinité de commentateurs et sommistes.

Pour les prédicateurs se trouvent les escrits des pères anciens, comme de saint Hierosme, saint Ambroise, saint Augustin, saint Grégoire le Grand, saint Grégoire de Naziance, saint Grégoire de Nice, saint Grégoire de Tours, saint Athanase, saint Anselme, Théodoret, et plusieurs autres escrivains qui seroient long à estre cy-nommés. On y trouve aussi des Bibles hébraïques, grecques et latines, de plusieurs versions, les concordances avec diverses postilles (1) et glose ordinaire, sur les Ecritures saintes. Contre les nova-lités et hérésies du temps présent, on y trouve les ré-futations de ceux qui ont composé de notre temps; il y a aussi un nombre compétent d'expositeurs et ser-monaires pour l'estude et soulagement des prédica-teurs dudit couvent.

Tous les jours de l'an (excepté les festes solennelles), on fait leçon de théologie, philosophie et grammaire, ou assistent en diligence, ceux qui sont délégués pour l'estude, sans toutefois obmettre ny laisser de faire le debvoir d'assister à l'église pour devotement chan-ter le divin service ; et combien que le chœur de l'é-glise soit de petite espace, si est-ce néanmoins qu'il y a en son contenu d'alentour plus de quarante-huit chaires où se mettent les religieux pour célébrer l'of-fice. Quant au nombre des religieux il ne se peut dire, pour la variété et mutation qu'il convient faire selon l'advis des prélats, qui changent les frères et envoyent ça et la, pour la commodité des autres couvents; tou-tefois, de la vesture de la maison pour ceste année, s'en trouve encore de vivans plus de quarante, sans mettre au liste les novices ny les serviteurs. Ce nom-bre des religieux est divisé, les uns en officiers, les autres, en prédicateurs, choristes, jeunes novices, et en frères laïques. Le gardien est le premier desdits reli-

(1) Notes, et quelquefois additions, mises en marge, expression particulière à un commentaire littéral de l'ancien testament.

gieux et a charge du gouvernement de la maison avec
le conseil des discrets qui luy assistent, et devant lesquels doibt rendre compte tous les premiers jours des
mois de l'an de la distribution ou reception des au-
mosnes. Après le gardien, suit le lecteur de théologie
(lequel office ay exercé l'espace de huit ans sans autre
récompense que celle que j'attends en Paradis) : après
le lecteur, le vicaire, le maistre des jeunes et novices, le
sacristain, le portier, le despensier, l'enfermier, le serviteur d'hostes et autres, en si bon ordre que chascun
scait ce qu'il doibt faire ; le refectoire ou on prend la
refection commune est assez beau ayant seulement
quatre travées de longueur, et trois colonnes de bois
au milieu pour soutenir le faix du dortoir qui est dessus (1). Aux vitres et tableaux dudit refectoir sont ef-
figiés plusieurs histoires qui sont des banquets remarquables, comme du banquet d'Adam et Eve, d'Assuère
des Philistins, de l'enfant prodigue, de la Cène, de
Daniel et autres. Sur la fenestre par laquelle sert le
despensier y avoit le temps passé un escrit qui n'est
pas a mespriser, et le mettray ici afin que quelqu'un
impatient le remarque s'il le trouve bon.

> *Qui n'a patience,*
> *Il n'a pas science.*
> *Qui a patience,*
> *Il a grand science.*
> *Science sans patience,*
> *N'est pas science.*

(1) C'est dans ce réfectoire que le parlement, plusieurs fois exilé
à Pontoise, tenait ses assemblées.

Qui a science et patience,
Il est bien sage en sapience.
Apprends donc d'avoir patience,
Qui vaut mieux que toute science.

Le reste des épitaphes, superscriptions et images qui sont, tant en l'église qu'au cloistre, j'obmettray pour éviter prolixité, et le laisseray à la veue de ceux qui visiteront le lieu (1). Ce qui est le plus remarquable en ce couvent est le nombre compétent des prédicateurs, hommes doctes et savants, imbués en toute science de philosophie et théologie, pour l'exercice desquels et pour maintenir le peuple en la foy de ses ancêtres, les bourgeois ont advisé de faire la prédication toutes les festes et dimanches de l'an, en l'église Saint-Maclou, avec l'advent et le caresme qui se preschent par l'un des religieux dudit couvent. Pareillement pour employer les autres prédicateurs selon la grace qui leur est donnée de Dieu, de scavoir annoncer la parole de Dieu au simple peuple, par le gardien leur sont assignés les lieux et places ou ils se transportent les festes et dimanches pour administrer chacun de son salut; et si, pour le labeur de l'Evangile on leur donne quelque aumosne, ils le rapportent fidèlement au commun.

Près ledit couvent est assis le palais et logis (2) de

(1) Voir note dans l'appendice.
(2) *Le Grand-Vicariat;* actuellement, le Tribunal.
Il y a dans le manuscrit : « Le palais et logis ou se tient or-
» dinairement le grand vicaire ; » sans parler du droit de l'archevêque de Rouen; et il est à remarquer que dans tout ce qui suit, l'imprimé fait dépendre le grand vicaire de Rouen, et le manuscrit semble le laisser indépendant.

l'archevesque de Rouen, ou se tient ordinairement son grand vicaire, et fut ledit palais édifié par le sieur Guillaume d'Estouteville de son vivant archevesque de Besançon et de Rouen, l'an mil quatre cens soixante huit (1). Audit palais édifié de fortes pierres de taille y a une petite chapelle ou quelquefois on dit la messe quand ledit archevesque (2) ne veut point sortir hors de chez lui, car en autre temps, il va aux Cordeliers par un petit huis qui est dedans son jardin, par la porte de derrière, et sans crotter le pied.

En ce lieu de l'*archevesque*, il y a deux belles salles, chambres, estudes, garderobe, cuisine, étables, puits, cour et jardin d'assez passable grandeur, selon la situation du lieu, avec un corps de logis qui est devant la rue, au bout duquel sont engravées dessus la porte les armoiries de monsieur le cardinal de Bourbon archevesque de Rouen.

Dedans l'enclos dudit lieu, il y a encore un autre logis vers septentrion ou sont l'audience et plaidoyer pour les causes ecclésiastiques du vicariat, la prison et le domicile de l'appariteur qui a sortie par la porte d'en haut en la rue de la Cloche qui mène au grand marché de la ville.

(1) M. de 1708, note du copiste;

« Ce n'est pas ainsi ; il y a d'avantage, et c'est l'an 1321 et plus » selon les articles et arrêts de ce temps qui font foi, que le grand » vicaire de Pontoise y avoit hostel et cour et que le légat d'Am- » boise reconnoit être appellé l'hostel du vicariat et non le palais » archiépiscopal comme aucuns modernes se sont persuadés et » imaginé follement. »

(2) L'ancien manuscrit porte: *lédit grand vicaire.*

A l'entrée de la ville près la porte d'en bas par ou
on va à l'église de Nostre-Dame, est un hospital pour
loger et recevoir les pèlerins qui vont ou viennent de
Saint-Jacques en Galice (1). Et a raison que tels pèlerins
arrivent assez rarement audit hospital, on le fait servir pour loger tous pauvres passants. La dedans il y a
une fort belle chapelle qui s'estend sur la rue, ou tous
les dimanches et trois fois la sepmaine, on célèbre la
messe a l'intention des pelerins. Au bout de la chapelle y a une grande salle et autres chambres pour
loger les gens d'église qui y veulent demeurer.

Non trop loin de là, dedans la ville, est le collége
des enfants de la ville, ou sont quatre régents avec le
principal, tous commodément logés dedans le lieu afin
qu'ils puissent aysément assister à leur classe, à l'heure
qu'on sonne les leçons. Pour la commodité du lieu ils
ont la petite rivière de Viosne qui passe par dessous et
au bout dudit collége avec une fontaine d'eau claire
qui ressort du tuyau général des autres fontaines.

Il y a pareillement en ce lieu auprès de la porte du
jardin, une chapelle assez devote, ou on dit la messe
devant les maistres et escholiers.

Pour le gouvernement temporel des biens dudit collége, sont de trois en trois ans esleus, deux receveurs
qui sollicitent les affaires publiques si petites qu'elles
sont, car du revenu, je scay qu'il n'est pas grand, et
ferait-on œuvre très-agréable à Dieu qui par aumosne
l'augmenteroit (2).

(1) Actuellement, emplacement de l'Etablissement de Ste-Marthe.
(2) M. de 1708. « Il est depuis augmenté de plus de 3.000 livres

Hors la ville sur le soleil de deux heures après midy, est assise la belle abbaye de Saint-Martin, ou sont vingt-cinq ou trente religieux de l'ordre de Saint-Benoist, desquels le premier abbé, quant au lieu, fut saint Gaultier ; lequel vivoit environ l'an neuf cents (1) après la Nativité de Nostre Seigneur. En ce mesme lieu des moines étoit anciennement la paroisse de ceux qui demeuroient en la grande rue, qui commençoit depuis la rivière d'Oyse jusques au-dessus de la dite abbaye.

L'an mil deux cens vingt et cinq, ceux qui demeu-roient au faubourg de la ville, qu'on nommoit la Foulerie pour cause des foulons à drap qui y demeu-roient le temps passé, obtinrent congé et permission desdits religieux de faire édifier une petite chapelle en l'honneur de Nostre Dame, et est le lieu mesme ou depuis a été édifiée la grande église. L'an mil deux cens quarante, encore de rechef, obtinrent par per-mission du Pape de Rome que ladite chapelle fust érigée en paroisse, moyennant l'accord fait avec les religieux que tous les ans, deux fois, à scavoir le jour de l'Ascension et le dimanche des Rameaux lesdits paroissiens iroient recognoistre leur ancienne pa-roisse en ladite abbaye, et semblablement qu'aux

» de rente d'abondant, depuis l'an 1625, un jeune avocat de la
» ville se rendant capucin a fondé le petit collége pour les petits
» enfants où il y a deux maîtres pour les enseigner jusqu'à ce
» qu'ils soient capables d'entrer au latin; il n'y a qu'une muraille
» qui l'en sépare. »

(1) Taillepied commet ici une erreur de date : saint Gautier, né vers 1030 et mourut la 8 janvier 1099.

quatre festes annuelles, lesdits religieux diroyent la
grande messe parochiale en leur église de Nostre-
Dame, en signe de prééminence et souveraineté. Les
enseignements de ces articles sont encore es arches de
l'abbaye et gardés par le R. P. *Frère Pierre Massieur*,
prieur de Bouris, et procureur de l'abbaye.

Ces religieux de Saint-Martin n'estant pas du commencement rentés suffisamment, reçurent la plus
grande partie de leurs possessions, rentes, dismes et
censives, de la donnaison de la comtesse de Meulan,
veuve de feu Galleran, comte de Meulan, et leur fist
faire l'église quant à la nef, et à la tour qui est au
bout de l'église. Ladite dame est inhumée en la nef
d'icelle église, ou dessus la terre est une tombe eslevée
seulement de quatre doigts près de terre, et y a quatre clouds d'airain à chaque coing et un au milieu. Au
costé droit d'icelle église est la chapelle de saint
Gaultier, premier abbé dudit lieu, duquel on void la
sépulture élevée en pierre avec sa représentation, et
est fermée de treillis de fer tout à l'entour (1). Ce qui
est de merveille dans ceste église, c'est que tout l'édifice du chœur haut eslevé, est seulement soutenu de
six petits piliers et colonnes de pierre qui sont à l'entour dudit chœur.

Au lieu ou les moines chantent le divin service, il
y a des chaires faites à l'antique et au milieu pour le

(1) Ce tombeau est actuellement dans l'Eglise Notre-Dame de
Pontoise; il fut élevé par Guillaume de la Roche de Mello, qua-
trième successeur de saint Gaultier, vers 1146.

pulpître est dressé un aigle d'erain de grande pesanteur, comme aussi dans la place qui est entre le chœur des religieux et le grand autel, est dressé un chandelier à plusieurs rames en façon de celui duquel fait mention saint Jean, en l'apocalypse. Devant le crucifix il y a deux autels parés d'images comme sont aussi les autres qui sont tout à l'entour du chœur.

Dedans le monastère il y a un beau cloistre, et au milieu est le puits du couvent, le réfectoire est très-clair, le chapitre obscur, le dortoir est ancien, la cuisine est bonne, les salles sont assez bien estoffées d'ustensiles (1) de mesnage. Depuis quelque temps, monsieur l'evesque de Paris, abbé dudit lieu, a fait redresser un beau corps de logis tout de neuf ou il fait sa résidence quand il luy plaist.

Hors le cloistre est la cour du fermier, le jardin, les vignes, le pressoir, les granges, estables, colombiers, caves et celiers. Tout à l'entrée de la porte est encore un grand logis qui est l'ancien hostel de l'Abbé, devant lequel par dehors l'enclos du monastère y a une grande place rangée d'arbres moyens, et est le lieu ou l'on tient la foire et marché de Saint-Martin d'hyver l'espace de huit jours.

Depuis ladite place, le fauxbourg de la ville, qu'on appelle le fauxbourg Saint-Martin, s'estend jusqu'à la porte de la ville, et tout auprès de cette porte est bastie la grande église de Nostre-Dame de laquelle ay déjà parlé cy-dessus quant à la fondation première ;

(1) Il y a dans le texte imprimé : *extensilles*.

et tient-on pour vrai que les Anglais l'éleverent en tel édifice d'ouvrage somptueux tel qu'on le void aujourd'huy, et spécialement celuy duquel la sépulture estoit en marbre noir et blanc devant l'image du crucifix, au milieu de la place, avant qu'on effaçast dudit lieu les épitaphes, enseignes et armoiries desdits Angloys, par arrest de la Cour.

Quelques uns veulent dire que ladite église fut édifiée par Enguerrand de Marigny ; toutefois, il est vraysemblable qu'il l'eust rentée si c'eust été lui, comme il a fondé les chanoineries d'Escouys et de Socqueville.

Or la croisée de ceste église est tant belle et haute, que la rose des vitres vers midy est estimée l'ouvrage des plus braves architecteurs qui soient en France ; aux deux bouts de la croisée il y a deux portes : à celle de devers midy est une grande image du fils de Dieu et à l'autre est l'image de la Vierge Marie, ou se sont faits plusieurs miracles des petits enfants mortsnés, qui ont reçu la vie par les mérites de la Mère de Dieu, ainsi qu'on peut voir sur la tombe de plusieurs petits enfants qui sont en ce portail devant l'image.

Au bout de la nef de l'église sont encore deux autres grandes portes desquelles l'une est communément ouverte et l'autre s'ouvre, quand l'affluence du peuple est grande, comme il advient aux festes de Nostre-Dame et spécialement en la *Nativité, septième jour de novembre* (1), lorsque le peuple par dévotion spéciale

(1) La fête de la Nativité de N.-D. se célèbre le 8 septembre et non le 7 novembre.

aborde de toutes parts afin de gaigner les indulgences (1) et pardons qui sont donnés à ceux qui visitent ledit lieu en tel jour.

L'an de Nostre Seigneur mil cinq cens cinquante et cinq, fut célébré le jubilé général par le pays de France, et le lieu délégué pour gaigner lesdits pardons fut cette église de Nostre-Dame où se trouvèrent plus de cent mille personnes ; du revenu des oblations, on commença dès lors à édifier des chapelles tout à l'entour du chœur, et sera bientôt parachevé ledit ouvrage, moyennant la dévotion des gens de bien.

Les menuiseries et piliers d'alentour du grand autel sont d'érain, et les courtines pendantes sont de taffetas ; le dessus est environné de plusieurs cierges de cire blanche. L'autel est de fort grande hauteur enrichi d'une *table* contenant le Mystère de la Passion, le tout peint en or de ducat ; les chaires du chœur, selon l'espace, sont d'assez belle fabricature, tant les basses que les hautes.

Au-dessus de l'église, environ le milieu, vis-à-vis du crucifix, il y a un haut clocher en longue pyramide, garni de trois petites cloches très-harmonieuses qu'on sonne tous les jours, quand on veut appeler le peuple et le clergé à l'église pour prier Dieu.

En l'une des hautes tours qui sont au bout de la nef de l'église, il y a quatre autres grosses cloches qu'on sonne aux festes et solennités, et aux funérailles

(1) Ici s'arrête le manuscrit de 1708.

des gens notables, tant aux enterrements qu'aux services qu'on fait après eux. Aux piliers de la nef sont
représentés en bosse les images des douze apostres,
et au dessus de même pourtraicture, sont peintes
et érigées les images des douze sybilles qui prophéti-
sèrent de la venue de Jésus-Christ en ce monde. Sur le
portail de la porte d'en bas, par dedans sont montées
les orgues, qui est un vaisseau, des plus belles et plus
harmonieuses qui soient au monde, ainsi que rapportent mesme les facteurs et organistes des pays estranges qui ont ouy et visité par dedans ledit vaisseau;
et principalement ils admirent le jeu de Nazard duquel on ne peut trouver le semblable en harmonie ; il
y a un jeu d'anches et cornets hors du grand som-
mier et derrière le joueur d'orgue, sans changement
de clavier, pour lequel faire sonner il y a sur l'estably
trois petits soufflets qui y servent avec les cinq autres grands qui s'eslevent à poulie sans fléau.

Or pour celebrer le service de Dieu et chanter tous
les jours les heures canoniales : dix chapelains sont
salariés du revenu de l'église et pour l'entretenement
de la musique, est gagé un maistre des enfants qui
dresse et enseigne six petits enfants de chœur, qui
sont comunément vestus de robes rouges et de petites
aulbes par-dessus, quand ils sont à l'église. Celuy qui
préside en ceste église comme curé dudit lieu, est Dom
Arnault Fournier, prieur de Ronquerolle (que Dieu
garde), et en son absence a son vicaire, qui est à présent maistre Mathieu Guyampel, homme certes bien

qualifié pour son estat, faisant tous les dimanches en son prosne quelque exhortation à ses paroissiens; il y a aussi pour le maniement des affaires politiques de l'église deux trésoriers et un receveur qui demeurent en l'office l'espace de trois ans, et tiennent leur bureau tous les premiers jours des mois : pour les autres officiers communs se trouvent encore l'organiste et son serviteur, deux clercs, le bideau, le fossoyeur et les sonneurs (1).

Au faubourg de l'Aumosne, qui est le chemin par où on va à Paris, il y a une maladrerie fondée devant le trespas de Saint Loys, ou pour maintenir et fournir de vivres pour les malades, il y a audit lieu une assez belle métairie, garnie de granges et autres choses nécessaires pour une *cense* (2). La chapelle fondée de Saint-Lazare et de la Magdaleine est située sur la rue, et est assez grande pour le lieu.

Ce faubourg (dit l'Aumosne) a esté fermé de portes, depuis vingt ans, en çà, à cause des gensd'armes qui y vouloient loger par force, et est la grande rue dudit fauxbourg, pavée de grès, depuis la Maladrerie jusqu'au pont, tout le long de la chaussée, et au bout d'icelle chaussée, il y a encore plusieurs maisons et boutiques de gens de mestier et des hosteliers pour

(1) Cette belle église de Notre-Dame a été détruite complétement deux ans après l'impression du livre de Taillepied, à la fin de juillet 1589 pendant le siége de Pontoise par Henri III et le roi de Navarre.

(2) *Cense*, est pris dans le sens de métairie.

les passans. Toutes les maisons de ce fauxbourg sont
de la paroisse de Saint-Ouen, duquel l'église n'est pas
plus loing de là que d'un traict d'arc. Ceste église n'est
pas moins décorée que celles de la ville, tant en ornements d'autel, que cloches et luminaire.

De l'autre costé du fauxbourg de l'Aumosne, vers le
soleil levant, est assis et bien placé le monastère et
l'abbaye de Maubuisson, de la fondation de la royne
Blanche, mère de Saint Loys, laquelle est inhumée au
mesme lieu, dedans le chœur où les religieuses de
l'ordre de Cisteaux chantent le divin office.

L'enclos dudit monastère est de plus de cent ar-
pents de terre, et y comprend l'ancien palais de
Saint Loys, qui est en la grande cour, vers l'enclos
de l'Aumosne. L'église est fort haute, a deux esles
avec un petit cloché qu'on y a fait refaire, depuis que
le grand pyramidal a été bruslé, environ l'an mil cinq
cens quarante. Dedans le chœur où chantent lesdites
religieuses, se trouvent quatre rangs de chaires,
comme il y a aussi quasi en toutes les églises de la
ville, et est le pavé enrichi de figures et de plusieurs
tombes de marbre noir et blanc. Dedans l'autre chœur,
où les moynes chantent la grand'messe, à costé dextre,
il y a encore trois sépultures eslevées en marbre, de
quelques grandes dames ou princesses qui ont été in-
humées en ladite église.

Et pour ce qu'il y a deux chœurs séparés, l'un d'a-
vec l'autre, par une seule cloison, sur ladite cloison,
aussi, y a-t-il deux images de crucifix, qui sont dos à

dos, en une mesme croix, pour servir à l'un et l'autre chœur.

Le dortoir du monastère est muny de chambres, toutes faites de bois par dedans.

Le réfectoire ancien (sur lequel est eslevée une tour pyramidale où il y a une cloche) est assez beau et grand, et void-t-on encore aux tables qu'il a servi d'esquirie (1), du temps des guerres, parce qu'elles sont percées d'un bout à l'autre.

Il y a un autre réfectoire, où les religieuses prennent leur commune réfection, en forme de *convent*, et en ce lieu, durant le disner ou souper, l'une des nonnains lit de quelques escritures saintes et dévotes, afin que l'âme soit réfectionnée aussi bien que le corps.

Le nombre des religieuses est d'environ une quarantaine, avec le train de Madame de Brosses, abbesse dudit monastère. Quant au cloistre, il est fort beau et tout lambrissé de bout à autre.

Ledit monastère est régi et gouverné par l'advis de l'Abbesse prieure et sous-prieure ; chantres, secrétaine et maîtresse des novices, et parce qu'il leur est défendu de sortir les limites de l'abbaye, elles ont un receveur et solliciteur qui manient leurs négoces et affaires politiques, et ont esgard sur les fermiers et sur le labour de la maison, pour l'entretenement duquel ils ont charretiers, boulangers, servantes et servants de là dedans, qui ont leur manoir à part, vers la grande porte, sur laquelle demeurent les religieux. Audit

(1) Ecurie.

lieu, dans l'enclos, pour la dévotion desdits serviteurs, y a une ancienne chapelle, vers la porte des
champs, où on dit une messe tous les dimanches, qui
est de la fondation de Saint Loys.

Contre les murailles dudit monastère, vers le midy,
hors la porte, fluë un bel estang rempli de poissons,
dont la source vient d'un village d'auprès, qu'on appelle la Vacherie, et là aussi, les religieuses ont une
cense ceinte de hautes murailles, depuis le flux dudit
estang jusqu'au chemin de Paris, et s'appelle ledit lieu
Liesse, au-dessus duquel, tirant vers l'Aumosne, est
le moulin à vent de l'Abbaye, combien que plus aisément le pourroient mettre en leur enclos ou au-dessous, pour la grande commodité du ru qui passe par à
costé dudit monastère.

Entr'autres rentes que possèdent les nonnains et
dames de ceste abbaye, on y peut bien nombrer, pour le
principal, le minage et mesurage du marché de la
ville, qui se tient trois fois la sepmaine, à sçavoir : le
mardi, le jeudi et le samedi, car n'y a guère marché
où on vende plus de bled qu'en celuy-là, à cause de
plusieurs villages du vignoble, lesquels ne recueillant
pas beaucoup de bled pour leur suffire toute l'année,
ont recours audit marché pour en avoir leur fourniture, et sans usure ni regretterie.

Audit marché y ont aussi quelques priviléges, les
religieuses de l'Hostel-Dieu, comme a aussi (pour autre
raison) le maître des œuvres (1).

(1) Ces priviléges consistaient en un droit de havage, ou havée

P   8

La place de ce marché est de grandeur assez ample, et au milieu d'icelle, depuis cinquante années, on a fait édifier plusieurs maisons qui, pour ce, doivent rente à l'église de Saint-Maclou, d'autant qu'au dit lieu, le temps passé, estoit le cimetière de ladite église, qui fut transféré hors la ville, au lieu où feu de bonne mémoire, maistre Alexandre Chasteau, sieur de Montjavoult fit édifier une chapelle.

Au-dessous de ce cimetière, qui est hors la ville, vers soleil levant, est situé l'hermitage de la ville, où souloient (1) demeurer deux anciens hermites qui, de jour en jour, mendioient leur vie parmi les rues ; ce lieu a esté dernièrement concédé à quelques jeunes hermites, lesquels, depuis, se sont rendus sous l'obéis-

sur le marché de la ville ; c'était le droit de prendre des grains et fruits autant qu'on en peut prendre avec la main. Pour les marchandises de boucherie qui ne pouvaient être havées, on payait une redevance en argent.

Villon dit :

> Item mon procureur Fournier
> Aura pour toutes ces corvées
> (Simple serait de l'esperger)
> Et ma bourse quatre HAVÉES.

Dans quelques endroits, ce droit appartenait au roi, mais à Paris et à Pontoise une partie de son produit avait été cédé au bourreau.

A Pontoise ce droit était perçu avec une cueillette de fer-blanc.

Louis XIV, pour augmenter les revenus de l'hôpital de Pontoise, lui donna la part à laquelle le bourreau avait droit ; c'était alors un 174° de setier.

Cependant le bourreau conserva encore ce droit jusqu'en 1763, car on voit que par arrêt d'appointement du 22 février 1763 il fut ordonné que les administrateurs de l'hôpital des enfermés lèveraient seuls le droit de minage à la charge par eux de payer au bourreau six cents livres argent et un muid de blé par année.

(1) Souloient, avaient coutume de.....

sance du général de l'ordre de la Trinité, et s'appellent Mathurins ; ils sont encore mendiants, parce qu'ils n'ont pas rentes ni possessions suffisantes pour leur vivre (1).

Audit lieu depuis nagueres a été fait un petit chœur d'église avec la chapelle qui y étoit entaillée dans le rocher, et ont les religieux amplifié le dortoir, le réfectoir et défriché le jardin et les vignes des hermites.

Un peu plus haut que cest hermitage, vers septentrion, sur le chemin qui mène de Pontoise à Beauvais, il y a un hospital de Saint-Antoine, là où le temps passé on logeoit les pauvres passants et autres gens, estropiats ou vieilles personnes qui ne pouvoient gaigner leur vie, ainsi que peuvent tesmoigner ceux qui y ont vu de nostre temps les couches et grabats depuis quarante ans, à scavoir un peu devant que les femmes et gens laïques, se saisissent des biens dudit lieu (qui est l'hospital, maladrerie et chapelle), sous prétexte de droit patronnat, et de la couverture d'un

(1) Note du vieux manuscrit :
« Maintenant ils le sont très-bien, et c'est une des meilleures
» maisons de France de leur ordre; tout est changé depuis, il y a
» une très-belle église, cloître, dortoir, jardin, vignes et autres
» commodités, qu'ils ont par le moyen de M. de Lagrange de
» Neuville qui leur a fait échoir en leurs mains trente mille
» livres. »
Cette florissante situation paraît s'être modifiée plus tard. Dans un manuscrit, journal de M. Le Vallois, curé de Saint-Maclou, à la date du 15 avril 1768, il est fait mention d'une assemblée des eréanciers des Mathurins. Dans cette assemblée tenue chez M. de la Forest, ils durent prendre des arrangements pour le règlement de leurs dettes.

custodi nos, qui n'y prend, ne fait, ne met, rien que son nom.

L'église de cest hospital, fort ancienne, est de moyenne grandeur avec la petite tour et les cloches, s'il y en a encore.

Pour le labeur des terres, se tient là-dedans un censier qui occupe le lieu, et est chargé de faire dire une messe tous les ans, le jour de saint Antoine ; auprès de l'hospital, il y a une belle petite garenne qui s'estend en coste tout le long de la vallée, lieu fort plaisant en temps d'été.

Pour ledit hospital, il y a encore une autre métairie au fauxbourg de la porte d'Annery, auquel fauxbourg, pour estre assis en lieu haut et pardessus la ville, fort esloigné de la rivière, il y a un puits (1) commun audit fermier et à tous les manans dudit fauxbourg qui ont accoustumé de contribuer argent pour fournir le puits, de corde, parce qu'il en est requis grand nombre de toyses, à cause de la profondité admirable.

Les maisons de ces faubourgs font trois rues hors la ville, desquelles, l'une, sans discontinuation, s'estend en tournoyant jusqu'à la paroisse de Nostre-Dame ; et environ le milieu de cet espace, il y a encore un puits qu'on dit avoir été devant le couvent des Corde-

(1) M. Pihan dit quelque part : « C'est le puits qui est à l'en-
» coignure, entre les rues Saint-Jean et Mallebranche, dont il ne
» reste plus qu'une grosse pierre de grès, qui est au bout du côté
» du couchant de la maison qui sépare les deux rues. »

liers, lorsqu'ils demeuroient hors la ville, devant la place où se tient le marché aux pourceaux. Et, dit-on, qu'au bout de la rue de la Geole étoit une porte qu'on appelit la porte des Cordeliers, et fut close ladite porte du temps de la guerre des Anglois qui, s'estant emparés de la ville, firent faire la forteresse qu'on appelle la porte d'Annery, lequel lieu est fait de fortes pierres de taille en forme d'esperon, garni de fossés à fond de cuve, avec les fossés de la ville, qui vont depuis un bout de la rivière tout à l'entour des murailles jusqu'à l'autre bout, et ce sont les fossés les plus creux et profonds qu'on voye guère en France.

Avec la porte d'Annery, il y a encore six autres portes, savoir la porte de Chapelet, la porte de Saint-Jacques, les portes du Bicherel, du Pont, du Potiz, et celle du Cimetière-Neuf (1).

En temps qu'il est bruit de guerre, on ouvre seulement que trois de ces sept portes, à scavoir : du Pont, d'Annery, et de Chapelet; la porte d'Annery sert pour donner passage à ceux qui viennent de Picardie pour aller à Paris ; par la porte de Chapelet on va à Rouen; et par celle du Pont on sort pour aller droit à Paris, par Argenteuil ou par Saint-Denis en France.

Pour la garde des portes, sont ordonnés des capitaines, par M. de Bois Roger, bailli-lieutenant et gouverneur qui, par commission du roy, jusqu'à présent, a commandé et commande de faire bonne garde et

(1) Voir la note relative aux fortifications.

sentinelle, quand il est temps, et qu'il void estre expé-
dient.

Quant pour les affaires politiques de la ville, de
trois en trois ans sont esleus deux bourgeois, qu'on
appelle gouverneurs de maison de ville, et furent dernièrement esleus par l'accord et consentement de tous
les bourgeois, Maistre Jacques Derin, notaire royal,
et M. Gaspar Honoré, tous deux bien rompus aux
affaires de la police; et pourceque les deniers servent
comme de nerfs au corps politique, quant et les gouverneurs, est pareillement esleu un receveur pour faire
venir et recevoir les deniers qu'on doit à la ville, et
pour défrayer aussi les despens du public.

Quant au revenu de la ville, il est bien petit, parce
qu'il ne peut venir que des boucheries et poissonne-
ries et d'autres places communes pour l'estalage seulement des marchandises.

Sur le pont d'Oyse, il y a six boutiques de bouchers
qui sont louées au profit de la ville, comme aussi les
cinq ou six maisons qui sont au bout dudit pont. Il y
a aussi deux grands moulins à eau sur ce mesme pont,
sur lesquels la ville ne prend rien.

Hors la porte de Chapelet, il y a une autre boucherie de laquelle la ville prend le louage à son profit.
Tout au milieu de la ville, à la rue Basse, il y a une
grande boucherie de dix-huit à vingt boutiques de
bouchers, sur lesquelles la ville ne prend rien que
l'estalage. Ces marchands bouchers ont telle police
entre eux, qu'aux jours de dimanche et autres festes

solennelles, n'y a qu'un d'entre eux à qu'il soit permis
à tels jours de vendre chair sur l'estal, et d'ouvrir sa
boutique; il y a aussi visitation entre eux pour le fait
de leur estat comme pour tous autres métiers, et ob-
serve-t-on tant dextrement les ordonnances que ceux
qui sont trouvés y contrevenir, ne sont pas laissés
impunis.

Pour les jours maigres, il y a une très-belle pois-
sonnerie, qu'on appelle la Harangerie (1), lieu fait en
triangle, fermant à trois portes, quand il faut vuider
du lieu pour et afin d'assister à l'église pour le jour
des festes, et rendre à Dieu l'honneur qui lui appartient: car il n'est pas raisonnable de tenir tablier ou-
vert quand il faut prier Dieu; aussi le peuple de Pontoise (que Dieu garde), est tant affecté et dévot envers
Dieu, qu'on ne verra jamais hommes vacabonds parmi
les rues, ni aux tavernes pendant qu'on dira vespres,
la messe ou durant le sermon qui se fait tous les dimanches, comme dit est. Que si on en trouve quelqu'un qui se joue ou qui yvrognent durant le sermon,
on ne les laisse pas impunis si on les y peut appré-
hender. On n'oseroit aussi se promener dans les églises durant qu'on y chante le service divin, sous peine
d'estre puni selon l'ordonnance des Etats de Blois

Pour revenir à nostre harangerie où on vend le poisson de mer, frais et salé; je ne laisseray à dire que,
hors ceste place, dedans la rue se tient le marché du
poisson de rivière, des escales, huîtres, harengs frais,

(1) Voir le plan de la Harengerie.

soles et salés, carpes, brochets, goujons, anguilles, pinperneaux, lamproies, tanches, trouëttes, barbeaux, escrevisses, et d'autres sortes de poisson.

Auprès de ce lieu un peu plus haut, tous les jours de vendredi et samedi on vend le beurre et le fromage, cresme, oignons et toutes manières de fruits qu'on pourroit souhaiter et désirer ; et jaçoit qu'aux trois jours de marché la marchandise estalée, soit commune à tous marchands, si est toutefois qu'il n'est aucunement permis aux paysans de s'en munir qu'au préalable, les bourgeois de la ville n'en soient fournis. Et afin de scavoir l'heure de vendre commune à tous, sur les onze heures on sonne la cloche pour le signifier.

Devant le couvent des Cordeliers, il y a une belle grande place qu'on appelle l'Estape, ou on vend le vin publiquement et sans regretiers. Pour guider et mener les marchands qui achètent le vin, sont ordonnés des corratiers (1), qui goustent et font pour lesdits marchands comme pour eux en fidélité. Vray est que le marché est beaucoup diminué, à cause des 10 sols pour poinçon qu'on exacte aux portes de la ville.

En ceste place de l'Estape (2), est eslevée en forme de pyramide une croix de pierre, comme aussi il s'en trouve aux autres places publiques, comme en la croix du bourg et devant le logis de M. de Bois Roger juge et gouverneur de la ville.

(1) *Corratiers*, courtiers ; il y a encore à Genève la rue de la Corraterie.

(2) *Etape*, autrefois, lieu public de marché ; à Paris, la place de Grève était la place *d'Etape*.

Un peu plus haut que cette croix, qu'on appelle la Belle-Croix, est un beau logis, qui est une maison publique, et commune à toute la ville, où on fait les festins et banquets solennels des nopces, et fournit de vaisselle, pour lesdits banquets le concierge dudit lieu. Le salaire en revient au profit de la Confrérie des Clercs à qui appartient le logis. Cette Confrérie des Clercs, dès longtemps, est fondée en l'église de Nostre-Dame de Pontoise, et se chantent tous les jours deux hautes messes à diacre et sous-diacre avec les orgues, sans autres soixante messes basses que les chapelains célèbrent toutes les sepmaines. Pour ladite confrérie, il y a des chapelains, particulièrement délégués sans ceux de la paroisse, pour faire le service.

Quiconque veut être associé aux suffrages particuliers de ladite confrérie, il est requis qu'il donne une fois pour le tout 100 sols tournois aux prévots ou receveurs délégués pour recevoir les rentes et biens de ladite confrérie. Sitôt qu'on est adverti du trépas de quelque confrère, on célèbre un service solennel en ladite église Nostre-Dame pour l'intention du trespassé.

Toutefois si le trespassé est inhumé en l'une des églises de la ville, tous les chapelains de la confrérie vont dans ladite église pour y faire le service des trespassés. Le siége de cette Confrérie aux Clercs est le dimanche dans l'octave de l'Assomption Nostre-Dame; où les confrères par dévotion assistent, s'ils veulent, à la procession solennelle qui se fait quelquefois tout à l'entour de la ville. Pour ladite confrérie, il y a calices et ornements propres, un doyen, huit chapelains. un diacre et sous-diacre, un clerc, le bideau, l'organiste, prevost et receveur, comme dit est.

Le principal revenu de la confrérie vient de la dévotion d'une bonne dame, qui laissa quelques héritages afin qu'on priast Dieu pour elle après son trespas ; la ferme est entre Maigny et Saint-Clair-sur-Epte sur le chemin de Rouen.

En l'église Nostre-Dame et aux autres de la ville, il y a plusieurs autres confréries, car n'y a estat ne mestier qui ne soit de quelque particulière confrérie. En chasque église, y a une confrérie du Saint-Sacrement pour l'entretenement de laquelle, quand vient la feste dudit Sacrement, chacune paroisse fait sa procession à part, les rues estant toutes tapissées pour l'honneur et révérence deuë à Jésus-Christ, contenu réellement sous la sainte hostie.

Et ce qui se fait deux ou trois fois l'an, étoit fait le temps passé plus souvent, à scavoir toutes les fois qu'on estoit adverti qu'on portoit le Saint-Sacrement à un malade ; ainsi qu'il se peut prouver par les escrits de saint Grégoire de Tours, et des ordonnances des saints Conciles de *Bracare* (1) et autres, lesquels com-

(1) *Bracare*, Braga, ville de Portugal, *Bracara Augusta*.
Il y a eu quatre conciles dans cette ville : le premier, dont la date n'est pas certaine, vers 408 ; le deuxième, qui est regardé comme étant le premier par quelques auteurs, est de 563, et il y fut réglé 22 articles concernant la discipline ecclésiastique ; les deux autres sont : l'un de 572 et l'autre de 675. Ce dernier n'est pas très-certain.

mandent de faire la procession en grande solennité en ensuyvant les anciens chrétiens. Or, tous les jours de l'octave, environ cinq heures et demie du soir, se chante un salut aux Cordeliers où assiste le peuple dévot pour adorer Jésus-Christ en toute révérence. Là, après qu'on a chanté un respons et un hymne, le prêtre, avec l'encens, revestu de vêtements sacerdotaux, adore le Saint–Sacrement, puis le propose au peuple pour l'adorer, ce que estant fait sur les six heures, le peuple retourne en l'église de Saint-Maclou, où on chante un semblable salut, et puis après à Nostre-Dame, sur les six heures et demie, et à sept heures à Saint-Pierre.

Pour fournir de luminaire audit salut des Cordeliers, le sire Nicolas Souvoye, bourgeois de la ville, donne quatre torches de cire blanche pour ce que c'est à sa dévotion qu'on chante ledit salut. Dabondant, ceux de Saint-Pierre, le jeudi jour de l'octave font tout au circuit de la ville, une procession solennelle où ils portent le Saint-Sacrement en grande révérence et solennité, car, au train de la procession, il y a douze personnages revestus en la manière des apostres, et suivent ceux qui, devant eux, représentent les figures de l'Ancien Testament, touchant l'institution de ce sacrement; comme Melchisedech, Abraham, Isaac, les douze enfants de Jacob, lesquels, par figure, mangèrent le corps de Nostre-Seigneur en mangeant la manne céleste parmy les déserts; outre plus le mystère d'Elie, qui mangea le pain que l'ange lui donna; David et les siens, qui mangèrent les pains de proposition avec plusieurs autres mystères longs à réciter. Se trouvent aussi en cette procession, les menestriers de la ville, tant ceux de la grande que petite *bende* qui sonnent harmonieusement des hautbois, cornets à bouquins, violes, luts et d'autres instruments mélodieux, ainsi qu'il leur plaist. On y void pareillement aussi une *bende* de dix ou douze petits enfants, revêtus d'aulbes blanches emplumacées, en figures d'anges couronnés, ayant en leurs mains cistres, guiternes, mandores et violons.

Après tous ces personnages suyvent les prestres revêtus en chapes, avec des chapeaux de fleurs sur leurs testes, et tout le peuple en grande dévotion portant cierges, torches et autres luminaires.

Il se fait une semblable procession tous les ans le premier Dimenche de May ou le second, le tout, aux frais et despens de la Confrérie de la Passion qui tient son siége le jour de l'invention sainte Croix, troisième jour de May en l'église parochiale Saint-Maclou. Vray est qu'il y a davantage de personnages en celle de May, qu'en l'autre du sacrement : car avec les apostres, les sibylles, prestres, peuple, menestriers, et petits enfants angelots, toutes les figures de la Passion y sont représentées par personnages. Le premier mystère est d'un paradis terrestre, rempli d'arbres porté sur une cariole à quatre roues et au dessus des arbres feuillus où sont attachés pommes d'oranges et autres fruicts que semblent manger Adam et Eve tout nuds avec la figure d'un serpent en face féminine.

Le second mystère est des limbes où sont les pères (1), et est un lieu fait de toille noire semé de larmes tout a l'entour, et est trainé par Lucifer et d'autres qu'on n'aperçoit point. L'arche de Noë, le sacrifice d'Abraham, d'Isaac, de Jacob, les douze patriarches, le serpent d'erain, le mont du Calvaire avec autres infinis personnages y sont représentés en si bel ordre et équipage, que plusieurs des lieux circonvoisins y accourent pour voir cette procession.

Je ne veux laisser arrière la belle procession que les bourgeois de Pontoise, firent l'an mil cinq cent quatre vingt et quatre, lorsqu'ils partirent de la ville pour aller à Mante, six lieues loing de la, tous revestus et enveloppés d'un linceul blanc tenans en leur main chacun une croix et un petit cierge. L'ordre de six a sept mille personnes qui assistèrent a cette procession, (combien qu'il fist temps pluvieux) estoit tel, qu'en partant de l'église Nostre-Dame environ quatre heures du matin, deux hommes portoient chacun une bannière de satin blanc, coste a coste l'un de l'autre suyvis en mesme rang d'un nombre de quatre cents hommes, après lesquels y avoit un chœur de chantres musiciens chantant la letanie.

Après ce premier chœur en rang suyvoient deux mille personnes, femmes et filles lesquels chantoient

(1) Il y a dans le manuscrit : *garous*. — ? —

ce verset, *Ave Maria, Domini mei mater alma, celica plena gratia*.

Après ces femmes y avoit un chœur de chantres musiciens et chantant comme les autres; après ces chantres suivoient le reste des femmes et après elles environ trois mille hommes qu'enfants et garçons et après eux le clergé et les religieux, un chœur de musiciens chantant chacun tant clerc que lay, selon sa dévotion. Le reste des hommes suivoit le Saint-Sacrement, et estoit le nombre d'environ quatre cents torches. Ceste procession ainsi rangée alla jusqu'a Meulan où il fallut disner et de la on alla coucher à Mantes; le lendemain matin on chanta la messe et fit-on la prédication et après la dévotion faite, la procession s'en retourna en même ordre que devant (1).

Ceux de Senlis vindrent a Pontoise en mesme ordre, comme firent aussi plus de soixante autres processions de village qui s'assembloient en une bande et venoient en la ville, ou ils estoient logés, même quelquefois defrayés de leurs dépens, ainsi qu'en pourroient tesmoigner ceux de Trilebardou, de Livry, et d'autres villages qui sont d'auprès de Meaux en Brie.

Pour revenir à Pontoise et à la fondation et legs testamentaire de défunct Jean du Saulx, bourgeois de Pontoise, tous les premiers jeudis du mois se fait

(1) M. de la Saussaie, qui était alors grand-vicaire de Pontoise, porta nu-pieds le Saint Sacrement jusqu'à Mantes.

.

une procession en l'Eglise Nostre-Dame, ou dedans l'Eglise seulement à l'entour des chapelles et de la nef, on porte solennellement le Saint-Sacrement. Journellement à cinq heures du soir se dit un salut devant l'image Nostre-Dame au portail aquilonaire de ladite Eglise : le semblable se fait sur les six heures en l'Eglise Saint-Maclou. Or avec la Confrérie des prestres tant du Saint-Sacrement que des clercs Nostre-Dame, il y a encore une Confrérie de Sainte-Cécille en trois Eglises ou il y a chantres et chapelles de Musique a sçavoir : a Saint-Pierre, Saint-Maclou et Nostre-Dame.

Outre plus, les bourgeois et artisans ont des Confréries selon leurs estats : les gens de justice et autres qui vivent de plume ont leur confrérie Saint-Yves en l'église de Saint Maclou, leurs clercs ont la confrérie de saint Nicolas, tant en hyver qu'en été.

Les drapiers et autres qui se meslent de laine, comme chaussetiers, tapissiers, tailleurs et cousturiers, ont leur confrérie à la chapelle de Sainte Geneviève à Saint-Maclou. Les vignerons et taverniers ont en plusieurs lieux la confrérie Saint Vincent, les boulangers ont Saint Honoré, les tonneliers Saint Jean en l'église Saint-Mellon : les arbalestriers (desquels le capitaine par privilège et don de roy est franc de tout tribut, daces, tailles et impots) ont leur confrérie de Saint Sébastien ; les tanneurs de cuir Saint Cucufa ; les menuisiers et tourneurs Sainte Anne ; les cordiers Saint Paul ; les pescheurs Saint Pierre ;

les cordonniers Saint Crespin ; les savetiers Saint
Crespinien ; les rotisseurs Saint Michel ; les merciers
et les poissonniers Sainte Barbe ; les mareschaux et
serruriers Saint Eloy; les cardeurs Saint Blaise; les
telliers et tisserands Saint Clair ; les médecins et
apothicaires, les barbiers, droguistes ont leur confrérie
de Saint Cosme et Saint Damien ; les maçons et
tailleurs de pierre ont leur confrérie Saint Loys, et
les menestriers Saint Julien. Aux Cordeliers se trouvent encore pour le commun les Confréries de Saint
Joseph, de Saint François, de Sainte Marguerite et
de Sainte Barbe. Le temps passé les bouchers y
avoient leur confrérie, mais ils l'ont transférée en
leur paroisse Saint-Maclou. En l'Hôtel-Dieu, sont
pareillement fondées les confréries et baston de Saint
Blaise, Saint Prix et de Saint Loys roy de France.
A Saint-Mellon, ceux qui portent le nom dudit Saint,
y ont érigé une Confrérie. En l'Eglise de Saint-Pierre
a été de nouveau érigée une confrérie de Saint Roch,
en mémoire duquel saint, on célèbre tous les lundys
de l'an une messe solennelle avec la procession ; j'ay
fait en rihme françoise la vie dudit saint, qui est
attachée en un grand tableau près de l'autel du costé
vers midy. En l'église Saint-Maclou, quasi toutes
les sepmaines il y a festes de Confrérie, comme des
festes de Nostre-Dame, de Saint Maur, de Saint
Prix, Saint Marcou, Sainte Croix, du Sacrement, du
Saint Esprit, de l'Ascension, de Saint Gond, Saint
Cloud, Saint Claude, Saint Nicolas, Saint Yves, Saint

Pontoise

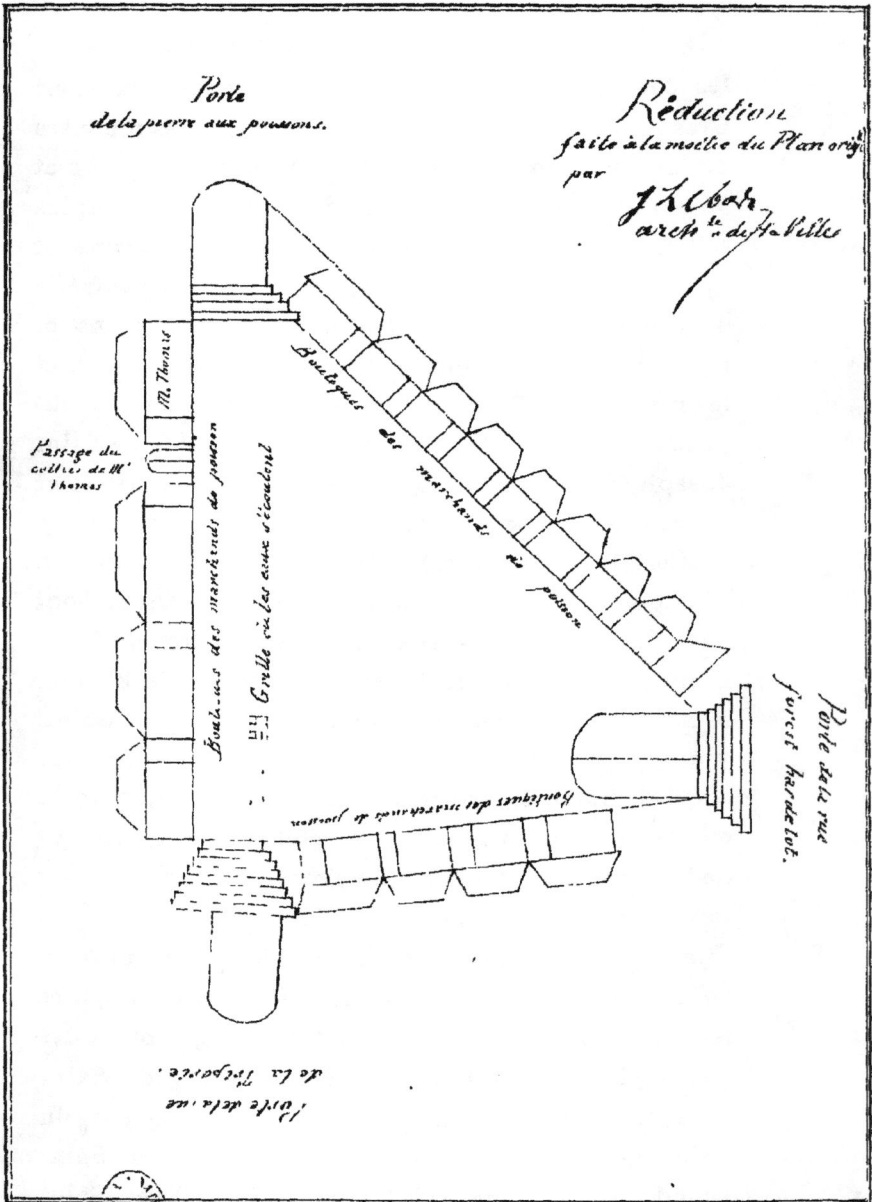

Porte
de la pierre aux poissons.

Réduction
faite à la moitié du Plan orig.
par
J. Lebar
arch.te de St.e Ville

M. Thomas

Passage du
cellier de M.r
Thomas

Boutiques des marchands de poisson

Boutiques des marchands de poisson

Grille où les eaux s'écoulent

Boutiques des marchands de poisson

Porte de la rue
forcit hardelot.

Porte de la rue
de la Trepaie.

Plan de l'ancienne Harengerie.

Pontoise, Imp. Lith A. Paris.   Papier autographe Villeuer..

Roch, Saint Cir, Sainte Catherine, Saint Antoine, Saint
Mathurin, Saint Hyldevert, Saint Fiacre, Sainte
Barbe, Sainte Appoline, Sainte Opportune, Sainte
Marguerite, onze mille vierges, Sainte Geneviève,
Saint Guillaume, Saint Vincent, Sainte Avoye, Saint
Gille, Saint Leu, Sainte Radegonde, Saint Servais,
Saint Hubert et autres en grand nombre. En l'Eglise
Nostre-Dame il y en a autant qu'aux autres, et outre
plus ont les confréries de Saint Julien pour les me-
nestriers, et de l'Ascension pour les architectes, de
laquelle Me Nicolas Mercier (l'un des braves archi-
tecteurs de ce temps) est le procureur et receveur.

Toutes les confréries ne consistent a autre fin qu'a
prier Dieu pour les vivants et trespassés, excepté
celle des Clercs et de Saint Françoys, desquels le sur-
croist et reste des frais payés est employé tant pour
la nourriture des pauvres que pour l'entretenement
des ornements nécessaires a l'Eglise, et bien souvent
pour récompenser ceux qui preschent aux Eglises
tous les jours de Dimanche et festes solennelles.

Quand il trespasse quelqu'un des confrères des
confréries susdites, les bedeaux de la ville revestus
de tuniques vont sonner et cliqueter parmy les rües
en annonçant la mort du defunct et l'heure du convoy, puis ceux qui y doivent assister se trouvent a
l'église au son des cloches, pour peu après aller pro-
cessionnellement quérir le corps du trespassé et
l'apporter à l'Eglise ou on chante le traict *Domine
non secundum*, et puis on fait l'enterrement avec

prières solennelles. Les procureurs des confréries sollicitent de faire dire les services ordonnés par les statuts et ordonnances desdites confréries; voire qu'on trouvera que si un homme est de dix confréries, qu'on chantera à son intention dix services solennels et à chasque service trois hautes messes, vigiles à neuf leçons avec les recommandaces.

Or, pour le faict de ces confréries, il n'est pas loisible ny permis à toutes personnes selon leur fantaisie d'exiger cette confraternité sans l'adveu et permission des officiers de la justice ecclésiastique, auxquels est donnée charge par l'archevêsque de Rouen, de maintenir en bonne et devote police tout le Vicariat de Pontoise; celuy qui tient le suprême lieu en l'Estat de judicature ecclésiastique et cour d'église, c'est pour le présent Monsieur Jacques de la Saussaye, grand vicaire de Pontoise, ordonné par Monsieur le cardinal de Bourbon archevesque de Rouen, lequel a soubs luy, le promoteur, le greffier, secrétaire, advocats, et procureurs et autres, qui tiennent leurs plaids deux fois la sepmaine en leur audience dans l'hostel archiépiscopal. Ce grand vicaire a soubs lui trois doyennés; a scavoir de Meulan, Magny, et Chaulmont, auxquels lieux quatre fois l'an, il assemble les curés à la calende des quatre temps, et leur remonstre leur salut. Une fois l'an, le mardy d'après la Saint-Martin d'hyver, se tient le synode desdits curés, où ils se trouvent tous dans l'Eglise Nostre-Dame de Pontoise, au fauxbourg; pour ce que c'est la première

Eglise de tout le Vicariat, car les autres paroisses
de la ville et cinq villages prochains d'icelle ville, ne
sont du tout subjects audit grand vicaire, mais seulement au doyen des chanoynes saint Mellon. Entre
les chaires du chœur de la grande Eglise de Nostre-
Dame de Paris, s'en trouve une sur laquelle est escrit
ainsi : *C'est la chaire de l'archedyacre de Pontoise.*
Quelques-uns estiment, que Pontoise estoit le temps
passé du dyocèse de Paris, comme par probation
vraysemblable on chante encore à présent les heures
canoniales selon l'usage de Paris en toutes les Eglises
de la ville et des cinq villages. Mesme combien qu'il
ait esté ordonné au dernier synode tenu à Rouen,
que toutes les dédicaces du dyocèse se célébrassent
en mesme jour à sçavoir : le jour saint Remy, premier
jour d'octobre, ci 'est ce néanmoins que ceux de Pontoise ni leur cinq villages n'en font rien, comme
n'étant subjects audit Vicaire : aussi leur demanda-
t-on s'ils vouloient mander quelque chose audit Synode. Dabondant les Pontoisiens ne sont pas du
parlement de Rouen, mais sous le Bailliage de Senlis,
qui est du Parlement de Paris. Les causes aussi
décidées en l'auditoire dudit grand vicaire, en cas
d'appel, vont à Rome, devant le Saint-Siège apos-
tolique. On remit en doubte n'y a pas longtemps,
en plein Parlement de Paris, à sçavoir : si Pontoise estoit de Normandie a cause de l'élection du
recteur (1), de l'université de Paris qui estoit natif

(1) Ici s'arrète le texte du manuscrit de la fin du XVI° siècle.

de Pontoise, et nommé M. Guillaume de Boissy, professeur en médecine ; le fait fut résolu que Pontoise étoit du Parlement de Paris et de la nation. Or pour l'administration du droit civil il y a plusieurs juges en ceste ville de Pontoise, à scavoir le lieutenant bailli, le prévost chatelain, et le prevost maire et voyer, le grand maistre des eaux et forests, le prévost des mareschaux, les éleus, les garnetiers et controlèurs du magazin du sel et autres que je ne cognois point. Pour l'exercice et administration desdits siéges de judicature il y a en la ville plus de dix-huit advocats, hommes bien disants, doctes et sçavans *in utroque jure*.

Pour les causes du roy a la conservation de son droit, y a un advocat et un procureur du roy, lesquels savent fort bien haranguer et discourir ès causes civiles, tant en langue latine que vulgaire, comme aussi scait faire la plus grande partie des autres advocats, de quoi c'est dommage qu'ils ne sont employés en plus grandes affaires que ceste chastellenie. Il y a encore pour les causes civiles plusieurs procureurs, notaires, et tabellions royaux, sergents, clercs, solliciteurs et autres de l'estat de pratique.

En la geole ou on plaide les causes civiles, il y a une salle, ornée de basses et hautes chaires comme si c'estoit en une église cathédrale (1). Dans le contenu de cette geole sont les prisons de la ville, et au devant

(1) Voir à l'appendice la note relative à la Geôle.

du logis est dressé un auvent avec la barrière pour
s'appuyer, et au dessus est le bureau de la ville, et
l'ancien beffroy, ou le temps passé estoit l'horloge publique qui est à présent au sommet de la tour de
Saint-Maclou, ou on a dressé les appeaux qui chantent l'antienne *inviolata* devant que de sonner l'heure;
cest horloge de Saint-Maclou est le plus beau de la
ville, ayant un fort beau et grand cadran auquel est
figurée la lune en tel point qu'elle apparoit journellement au ciel comme aussi il y a en l'horloge de
Nostre-Dame.

En celui des Cordeliez n'y a sinon que deux
appeaux pour signifier les quarts, demi heures et
tiers quarts devant que sonner l'heure.

Aux autres horloges comme de Saint-Pierre , de
Maubuisson, de l'Hostel-Dieu et de Saint-Martin, n'y
a point d'appeaux.

S'il faut faire assemblée de ville pour décider des
affaires de quoy il est question, on sonne la grosse
cloche dudit horloge Saint-Maclou, afin de convier les
bourgeois a se trouver devant l'hostel de ville.

Pour l'entretenement des fontaines , il y a un
homme gagé aux dépens de la ville, lequel scait et cognoist tous les secrets desdites fontaines jusqu'à la
source qui est a une lieue loing, près du village d'Ony,
au lieudit Besagny.

Les tuyaux et canals desdites fontaines sont faicts
de plomb, et viennent en virotant tout le long de la
coste, jusques au faubourg devant l'église Nostre-

Dame ou ils font une fontaine , et de là entrent en la ville, par dedans les fossés, devant Saint-Jacques , puis dans le collège, devant le logis de Pierre Honoré, en la Croix du Bourg, aux deux Anges, devant Saint-André, en l'Hostel-Dieu, devant la porte du Pont, et de là aux Cordeliers.

Du costé mesme d'ou procèdent les fontaines, flûe quant et quant, une petite rivière, qu'on appelle Viosne, laquelle prend sa source de deux fontaines desquelles l'une est près du village dit le Bouillaume, a cinq lieues de Pontoise sur le chemin de Chaulmont ; et l'autre est près de Commeny en une vallée appelée Goulines.

Ladite petite rivière fait mouldre(1)tant dehors que dedans la ville plusieurs moulins a bled, a foulons de drap, a tań, a tainture, a huile, a papier, et sert a mille petites commodités de mesnage, puis va entrer dans la rivière d'Oyse qui passe par devant la ville sur le méridional.

(1) « Saint Louis, pour procurer à l'abbaye de Maubuisson un moulin à moudre le grain, fit construire une digue depuis la haie d'Osny à la sortie du parc de Busagny jusqu'à la porte de Bart à Pontoise ; mais pour ne pas priver d'eau les moulins à blé, à tan et autres établis sur l'ancien lit, il fit pratiquer au Pas d'Ane une ouverture à la digue de 4 pouces de largeur et de 2 pieds de profondeur. Le ruisseau que cette ouverture produit a pris le nom de Couleuvre et le nouveau a conservé le nom de Viosne. A vingt-cinq pas de cette ouverture fut construit un moulin qui mout presque autant que les autres moulins de la Couleuvre. » Saint Louis chargea ensuite les religieuses de l'Hôtel-Dieu d'entretenir cette chaussée et pour les dédommager leur donna une redevance de quatre setiers de blé à prendre sur le moulin des Religieuses de Maubuisson, construit à la porte de Bart.

Auprès du lieu ou tombe cette petite rivière, il y a une belle place pour la commodité des marchands de bois et d'autres qui la chargent et deschargent leur marchandise.

Il y a une autre place autant et plus grande que ceste-ci, qui est sur le bord de l'eau au-dessus du pont.

Pour entrer esdites places du côté de la ville, il y a deux portes, et s'appellent du nom des places a scavoir la porte du Potiz et de Bicherel, lesquelles deux places sont séparées l'une de l'autre par le pont et l'Hostel-Dieu, qui est assis sur la rivière au dessous du pont.

Il y a une isle belle et plaisante au-dessus dudit pont ou les chevaux de voicturiers sur eau vont par nacelles pour tirer les grands basteaux de dessoubs l'arche du pont, quand ils montent amont, soit qu'ils veulent aller a Soissons ou a La Fère en Picardie. Les marchands qui mènent marchandises en montant ou en avalant ledit pont, payent certains tributs au Roy qui est le principal seigneur de la ville.

On trouve par escrit ès chroniques de France que ceste ville de Pontoise fut prise deux ou trois fois par les *Angloys*, lesquels toutefois, avec l'aide de Dieu, en furent chassés, et remise entre les mains du roy environ l'an mil quatre cent cinquante, le premier jour de may : en mémoire de quoy tous les ans en tel jour on fait une procession générale ou toutes les paroisses assistent et sortent hors la ville, en signe de délivrance, jusqu'au lieu qu'on appelle la **croix de** l'Ormeteau Saint-Siméon.

On fait une semblable procession générale la **veille** Saint-Martin d'hyver en mémoire que Dieu rompit le desseing des protestans qui s'acheminoient pour assiéger et prendre la ville, s'ils eussent eu la puissance.

Pareillement le jour Saint Jacques et de Saint Christophle l'on fait une procession solennelle parmi la ville, ou par dévotion, avec chacun un cierge a la main assistent tous les pèlerins du païs qui ont fait le voyage de saint Jacques en Galice.

Des jeux de récréation qui se font du temps des jours gras, des comédies, des roys, nopces, festins et autres choses semblables, pour être communes aux autres villes, je n'en feray aucune mention non plus que des rues et ruelles, desquelles pour le présent ne puis scavoir le nom, parce que estant esloigné de la ville, demeurant pour ceste heure a Rouen n'ay trouvé personne qui m'aydast en mon quart d'heure après disner, pour plainement réduire par escrit ce qui me venoit en mémoire, comme j'avois eu en faisant les Antiquités de Rouen. Attendant mieux, je me recommande. A Dieu Soyez.

FIN

APPENDICE

EXTRAITS DES NOTES DE M. PIHAN DE LA FOREST.

NOTE PREMIÈRE.

Description des fortifications de la ville. — Extrait de l'ordonnance de M. Henqueville lieutenant du roy de la ville, pour la réparation des fortifications.

PORTE D'ENNERY. — La tour de la porte d'Ennery avait plusieurs étages ; au troisième étage, étaient deux arquebuses à croc, tirant le long de la courtine de la porte neuve, sur les avenues du faubourg de ladite porte, et sur le marché aux pourceaux. De plus, une petite tourelle auprès de laquelle était une muraille tirant à la tour du Chappelet. Une petite sentinelle située au-dessus de la maison Maziere, elle avait vûe d'un côté sur la porte d'Ennery, de l'autre sur la porte du Chappelet.

PORTE DU CHAPPELET. — A la tour du Chappelet il y avait tour haute et tour basse ; la tour haute avait vue sur la Savaterie et sur une courtine qui tirait vers la porte de Bart, au bas était une tourelle.

Entre la porte Chappelet et la porte de Bart, il y avait une demi tour non couverte, à laquelle étaient attachés deux flancs; l'un tirant du côté de la porte Chappelet, et l'autre de celui de la porte de Bart (*sic*).

PORTE DE BART. — Sur la porte de Bart, une tourelle portant un flanc qui tirait le long de la courtine, allant à la tour. Les deux courtines depuis la porte de Bart jusqu'à la porte du Chappelet, deffendaient l'église Nostre-Dame. On voit deux projets au sujet de la porte de Bart ; ou de la condamner, en faisant à sa place un boulevard (dans ce cas, on continuait le fossé de manière que l'eau des puits y pût demeurer, et on devait faire une voûte, afin de faire passer l'eau de la rivière par dessus l'eau du fossé); ou bien le boulevard fait sur la porte de Bart devait servir de chaussée pour tenir l'eau des fossés ; alors on aurait pratiqué une écluse par dedans la ville pour fournir l'eau aux moulins.

Sur le rempart de la même porte étaient plusieurs gabions tirant à la tour aux Prêtres.

La tour aux prêtres.
— *percée.*
— *penchée.*

TOUR DU FRICHE (1). — La tour du Friche était près la chapelle de l'Hôtel-Dieu ; au bas, était un fossé très-profond, dans lequel on avait pratiqué des puits ;

_____

(1) « C'était une tour carrée de 4 à 5 toises sur tous les sens, située sur le bord de l'Oise, à l'extrémité du rempart faisant face à Saint-Martin ; elle avait l'étang d'un côté, et de l'autre tenait au boulevart joignant la porte du Bucherel, sur lequel elle faisait saillie. Le chemin ou chaussée du Bucherel, large de 7 toises environ, la séparait de la rivière. Ce chemin servait aussi de digue à l'étang. Entre cette tour et la porte du Bucherel, était alors l'embouchure du ru, qui, dans l'espace de 70 toises, c'est-à-dire, depuis la Tour-Penchante, dite aussi *Tour du Diable* cotoyait le rempart, une langue de terre entre deux ; cette langue de terre, dont la largeur allait en diminuant depuis 8 jusqu'à 3 toises, formait un talus qui servait d'épaulement au rempart. Tel était alors

plus loin une chaussée conduisant à la rivière, et des prés aux environs.

LA PORTE DU BUCHEREL. — Auprès, était le marché aux bœufs.

CHAPELLE DE L'HOTEL-DIEU. — La petite chapelle de l'Hôtel-Dieu était garnie d'artillerie.

PREMIÈRE PORTE DU PONT. — C'était celle de la ville.

DEUXIÈME PORTE DU PONT. — Ayant un boulevard qui tirait sur l'Aumône.

PORTE DU POTHUIS. — Une petite tour proche du Pothuis ; ses batteries portaient du côté du pont et le long d'une courtine qui tirait de la tour du Pas-d'Asne.

LA TOUR DU PAS-D'ASNE. — Elle avait murailles et retranchement ; les fossés de cette muraille avaient dix-huit à vingt pieds, et joignaient d'un côté le grand fossé, de l'autre, la porte Neuve ; aux environs était une terrasse.

TOUR DU BORDEAU. Auprès des Cordeliers, ses batteries étaient dirigées d'un côté vers la muraille tirant à la porte Neuve, de l'autre vers le retranche-

l'état des lieux que les jésuites ont entièrement changé depuis l'acquisition qu'ils en firent du cardinal de Bouillor, en 1697. »

Cette note est tirée de l'*Almanach historique de Pontoise* (Pontoise, 1803. chez Dufey, imprimeur, aux ci-devant Cordeliers.)

C'est par la brèche de la *Tour du Friche*, que, lors de la prise de Pontoise par Charles VII sur les Anglais, les Français pénétrèrent dans la place, et s'en emparèrent, le 19 septembre 1441, vers midi ; les deux premiers soldats qui montèrent à l'assaut, Jean Becquet, archer, natif de Rouen, et Etienne Guillier, homme d'armes, natif de La Brie, furent anoblis par Charles VII, qui assistait à ce combat ; la brèche de la tour du Friche avait été ouverte par une batterie disposée par Jean Bureau, grand-maître de l'artillerie.

ment de la muraille. Cette tour et celle de la porte
d'Ennery, se joignaient par des fossés et des remparts.

Entre la tour du Bordeau et la porte Neuve, on devait faire deux tranchées de vingt ou trente pieds (1).

NOTE DEUXIÈME.

CHATEAU DE PONTOISE.

*Extrait du procès-verbal fait à la requête du roi en pré-
sence de Guillaume Baudré, lieutenant civil et criminel du Bailli de Senlis à Pontoise, des réparations faites
et à faire au château, du trois septembre quinze cent
quatre-vingt-treize.*

*(L'expédition de ce procès-verbal était entre les mains de
M. de Monthiers.)*

Un grand mur servait de clôture au château, au devant de la cour qui régnait depuis la fausse braye du
côté de l'Hôtel-Dieu, jusqu'à la fausse braye du côté
de la Boucherie, il y avait aux deux bouts dudit mur
deux tours.

On avait creusé le long de ce mur, un grand fossé

---

(1) « *Archives de la ville.* — Entre les Cordeliers et la porte
» d'Ennery, il y avait la porte de Pignay (ou Pigney), qui, après les
» guerres des Anglais, à cause de la dépopulation de la ville, fut
» bouchée et le pont ôté, ensuite on refit une porte au même en-
› droit par ordonnance, laquelle fut appellée la porte Neuve, la-
» quelle a encore été abattue depuis.

» Au bout de la rue du Bordeau ou ....., comme on le dit
» dans plusieurs titres du xive siècle, rue qui regnait dans toute
» la longueur du bout du jardin des Cordeliers, existait une porte
» appellée Cerfenencil, qui fut bouchée dès l'année 1520. »

   (*Note existant sur le mss. et écrite en entier de la main de
  M. P. de la F.)*

pour le fortifier, dans lequel était une pile de pierres
de taille servant à poser un pont-levis, le fossé avait
dix-huit pieds de large.

Au milieu de ce mur, était l'entrée du château, qui
était une arcade de pierre de taille, garnie de deux
tours aux deux côtés de l'ouverture, en l'une desquelles
il y avait un escalier, et on y avait fait l'ouverture
d'une planchette.

Cette planchette garnie de ses bascules et chaînes
servait à entrer dans la cour du château lorsque le
pont-levis qui posait sur la pile étant au milieu du
fossé, entre les deux tours, était levé.

Il y avait un grand mur qui servait de cloture à la
cour du château, depuis la tour de l'encoignure du
mur de devant dudit chateau, du coté de la Boucherie,
qui régnait jusqu'a une autre tour en tirant vers
Saint-André.

Il y avait pareil mur servant de cloture, du côté vers
l'Hôtel-Dieu, lequel avait six pieds d'épaisseur; proche desdits murs sur le devant, du côté de la Bouche
rie, il y avait en dedans de ladite cour, trois terrasses
revêtues de gros murs, dont deux etaient garnis de casemates, et de deux corps de garde voutés en pierres
de taille. Sur le mur de cloture du coté de Saint-André
et en retour vers l'Hôtel-Dieu, il y avait deux senti-
nelles de bâties.

Il y avait très-anciennement un escalier dans la cour
pour monter à la salle haute du château, mais on l'a-
vait abattu, et bouché toutes les entrées antiques,
afin de faire une autre entrée en pierres de taille ornée
d'un frontispice, proche de cette entrée on avait construit un escalier neuf quarré, tirant ses jours sur la

cour et conduisant a toutes les chambres et salles du château.

Dans la salle basse à côté de cet escalier, on avait établi un moulin à moudre le blé, garni de meules et ustensiles.

Proche de cet escalier et au rez-de-chaussée était la dépense et la sommelerie; et il y avait une grande salle basse.

Au premier palier de l'escalier il y avait une galerie qui conduisait tant à la salle haute qu'aux chambres et garde-robes.

La grande salle haute était au-dessus de la grande salle basse; au bout de ces salles, vers l'église de Saint-André, il y avait une chambre, et garde-robe à coté, faite par une cloison en colombage.

Il y avait plusieurs autres chambres et garde-robes ayant vue sur l'église de Saint-André et la Tannerie. Le batiment défendu par de petites tours carrées se prolongeait jusqu'à une grosse tour carrée qui soutenait le parterre et cour du chateau sur la Tannerie.

Dans la cour du chateau, était la chapelle Saint-Waast à laquelle était joint le cellier.

Il y avait aussi dans cette cour un puits, garni d'une margelle de pierres de taille, et de deux jambages de pierre qui portaient une grande roue pour tirer l'eau.

Proche et à coté de la chapelle, du coté de l'Hotel-Dieu, était la cuisine avec chambre dessus, et un petit palier pour y monter. Les vues de cette cuisine étaient sur l'Hotel-Dieu, et le évier qui était dedans, jettait les égouts de cette cuisine hors le chateau, aux fausses brayes du côté dudit Hotel-Dieu (1).

(1) Le château royal de Pontoise, dont il est ici question a été

NOTE TROISIÈME.

Description de l'Auditoire Royal de la ville de Pontoise, et des prisons.

Extrait du procès-verbal précité du trois septembre quinze cent quatre-vingt-treize.

Il y avait un appentis couvert d'ardoises, sur le devant du portail et entrée de l'auditoire, lequel appentis était garni d'un entablement.

La porte d'entrée était grande et garnie d'un guichet fermant à clef.

Sur le portail, était une tour carrée, dont le pavillon était couvert en ardoises. La couverture était tellement en ruines que toute la charpente en était pourrie.

Cette tour avait trois étages, et à chaque étage une chambre dont les planches étaient prêtes a s'enfoncer, étant pourries par les eaux pluviales.

En haut du pavillon il y avait un beffroi en charpente qui portait autrefois le tocsin de la ville. Ce beffroi était en si mauvais état qu'il n'était plus reparable, et que, pour éviter le dommage qu'il aurait pu faire en tombant, il fallut le mettre dehors.

On montait à cette tour par un escalier en vis.

Un autre escalier servait à monter à la grande chambre de l'auditoire, et était couvert en tuiles.

Cette grande chambre avait cinq travées de long.

entièrement démoli à la fin de 1737 et au commencement de 1740. (Voir aux arch. de la ville la vente des matériaux.)

Une des poutres du plancher d'en haut, étant à l'endroit du parquet, était tellement corrompue que l'on avait été obligé depuis de mettre dessous une potence.

Au bout de cette grande chambre était l'étude du roi, cabinet qui avait sa couverture particulière, distincte de celle de la grande chambre.

A la droite, en entrant dans la grande chambre, il y avait une porte qui conduisait à la chambre du conseil, et à côté de cette chambre un escalier en vis qui descendait aux prisons. Un même toit couvrait cette chambre et l'escalier. Sur la chambre du conseil était celle de la question.

Au fond de la chambre du conseil, il y avait une petite chapelle bâtie en appentis, qui donnait sur la porte d'entrée extérieure de la prison, laquelle chapelle était séparée de la chambre par une grille en barreaux de bois tournés et sculptés. On disait la messe les dimanches et fêtes dans cette chapelle, pour les prisonniers, qui l'entendaient en la chambre du conseil, avec le public. La chapelle n'avait pas plus de huit pieds carrés, et était éclairée par une fenêtre donnant sur le préau des prisons à gauche de l'autel.

Sous la chambre du conseil, était une chambre basse avec cheminée, que l'on appelait *la blouse*.

Le logement du concierge ou geolier de la prison était où il est encore aujourd'hui (1787) ainsi que la porte d'entrée extérieure des prisons donnant dans la rue de la prison.

Près de cette porte, était un porche construit en gros murs, fermé d'une grande porte avec un guichet.

Dans la cour des prisons il y avait six cachots dont quatre sous les grand'chambre et chambre du conseil, et deux qui étaient hors d'œuvre, et avaient leurs couvertures particulières.

Les latrines étaient où elles sont encore dans la dite cour (1787).

Sous les cachots des grand'chambre et du conseil, étaient d'autres cachots, dits culs de basse fosse, dont les fonds étaient construits en pierres de taille, et avaient la forme de cones renversés; il n'entrait point de jour dans ces détestables cachots, et l'air n'y arrivait que par des conduites de six pouces carrés pratiquées dans les épaisseurs du mur des batiments en manière de ventouse.

« Ces culs de basse fosse sont actuellement comblés, « la maçonnerie en existe pour les cachots actuels, « *je l'ai vue lorsqu'on a reconstruit l'auditoire en 1779.* » (Note de M. P. de la F.)

NOTE QUATRIÈME.

Sépultures remarquables qui se trouvaient dans l'église du couvent des cordeliers.

Au pied du grand autel. (Plaque de cuivre.)

« Cy-git le cœur de défunt Mgr George reve-
» rentissime cardinal d'Amboise. En son vivant
» archevêque de Rouen, abbé des abbayes : du
» Bourg, de Deolyet, de Ceriset, aux diocèses de
» Bourges et Bayeux, lieutenant-genéral pour le
» Roy au duché de Normandie, lequel trépassa
» le vingt-sixième aoùt, demie heure après mi-
» nuit, l'an de grâce 1550.

« Priez Dieu pour lui.

*Dans la chapelle de la Vierge que l'on croit être
l'ancienne chapelle de Saint-Jacques,* au côté droit
de l'autel était un mausolée en marbre blanc représentant une jeune femme couchée de son long.
Au-dessus on lit :

« Cy-git haute et puissante dame Marguerite
» Mandelot dame d'honneur de la reine mère du
» Roy, femme de Messire Charles de *Neuville Ba-
» ron d'Halincourt,* chevalier des deux ordres du
» Roy, capitaine de 50 hommes d'armes de ses
» ordonnances, gouverneur et lieutenant pour sa
» Majesté à Pontoise et pays du Vexin le fran-
» çais, laquelle décéda le dixième jour de juil-
» let 1593. »

Dans la même chapelle, est un tombeau de pierre orné de marbre de diverses couleurs élevé de trois pieds de terre sur lequel on lit d'un côté sur une pierre de marbre noir :

« Tombeau de Charles de Neuville, fils de Mes-
» sire Charles de Neuville, Baron d'Halincourt,
» capitaine de 50 hommes d'armes des ordon-
» nances du Roy, gouverneur de Pontoise et pays
» vexin, et prévôt de Paris ; il trépassa le vingt
» d'août 1592. »

Et de l'autre côté sur une pareille pièce de marbre noir :

« Cy-git un enfant, dont la gentille enfance
» Fit naître au cœur des siens mainte belle espérance.
» Fils des Villeroy, ici bas, en naissant,
» Il vit son bisayeul, son ayeul et son père.
» Mais dans les bras des trois et de sa triste mère
» Le ciel le voulut prendre et l'avoir innocent. »

TABLE

Pages.

AVANT-PROPOS.   I

NOTICE sur la vie et sur les ouvrages de Noël Taillepied. . .   1

Bibliographie.   56

Les Antiquitez de Pontoise, etc., avec notes, etc.   57

APPENDICE : Notes sur les Fortifications.   131
    —   le Château-Royal.   134
    —   la Geôle, etc.   137
    —   le couvent des Cordeliers.   140

PLANS ET GRAVURES HORS TEXTE

Profil de la ville de Pontoise, d'après Israël Silvestre (avec une note explicative).

Vue de l'ancienne église de *Saint-André*, d'après une ancienne eau-forte. (Dessin de Cl. Cousin.)

Plan de l'ancienne Harengerie.

Plan des fortifications et des abords du Pont, etc., d'après un plan de 1589 avec légende explicative. (Copiés par J. Lebas, architecte.)

Paris. — Imp. de A. PARENT, rue Monsieur-le-Prince, 29-31.

PLAN

d'une partie de la ville de Pontoise à la fin d'août **1589.**

A   Château Royal.
B   Hôtel-Dieu.
C   Porte intérieure du pont.
D   Doyenné.
E   Tour de la rivière, et Éperon.
F   Contrefort.
G   Casemates.
H   Escarpe.
I   Porte fortifiée du pont, vers Paris.
J   Ru de Viosne.
K   Ile du Pothuis.
L   Rivière d'Oise.
M   Fortifications « *faites nouvellement.* »
N   Bastions.
O   Fortifications vers Saint-Martin.
P   Tour du Friche. (Voir la note explicative p. 132).
Q   Redoute avec gabions.
R   Etangs du Vert-Buisson.
S   Fossés.
T   Route de Paris.
U   Eglise de Saint-Mellon.
V   Le quartier du Pothuis.
X   Le quartier des Cordeliers.
Y   Tour dans les fossés. (Actuellement propriété Agnès.)
Z   Autre construction « *récemment faite.* »

NOTA. Le plan est daté : « *ad ultimo de agosto* 15.. ». Un trou existant sur le parchemin original ne permet plus de voir les chiffres 89 qui se trouvaient autrefois sur cette pièce. La copie ci-contre est de la grandeur exacte de la minute.

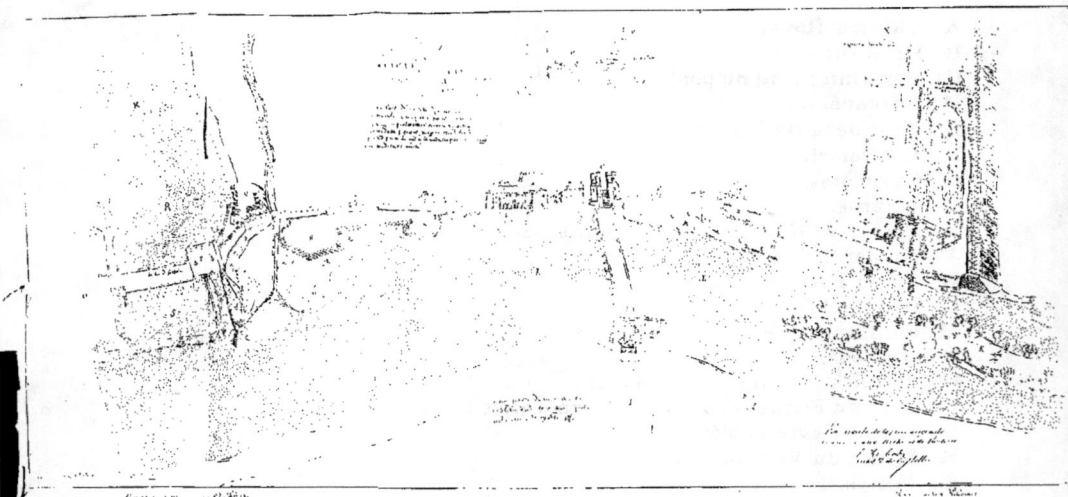

www.ingramcontent.com/pod-product-compliance
Lightning Source LLC
Chambersburg PA
CBHW050023100426
42739CB00011B/2770